キウイキッチン

あなたの味覚を満足させる、100 を超える伝統的および現代的なキウイのレシピで最高のニュージーランド料理を探求しましょう

陽一 青山

目次

序章

キウイ キッチンへようこそ。ニュージーランドのユニークな味と多様な食文化を巡る料理の旅にご招待します。この料理本は、伝統的なマオリ料理から現代的なフュージョン料理まで、アオテアロアの最高の料理を紹介しています。100 を超えるレシピで、ジューシーなシーフードからジューシーな肉、おいしいベジタリアンやビーガンのオプション、そしてもちろんキウイが愛する甘いおやつまで、長く白い雲の国の味を探求します。

キウイ料理、伝統的なレシピ、フュージョン料理、マオリ料理、シーフード、肉、ベジタリアン、ビーガン、甘いおやつ、季節の農産物、地元産の食材、伝統的な調理技術、食の冒険、ニュージーランドの食文化、ソーヴィニヨン・ブラン。

キウイは小さな果物で、通常は一般的なリンゴやオレンジよりも小さいです。しかし、その大きさに騙されないでください。キウイは旨みがたっぷり含まれており、栄養も豊富です。キウイ フルーツ、チャイニーズ グースベリー、またはヤンタオとも呼ばれるキウイは中国北部が原産で、主に薬用に食べられていました。

キウイフルーツはどれくらい体に良いのでしょうか？キウイを食事の定期的な一部にする理由は次のとおりです。

- 呼吸器の健康を改善する
- 健康な心臓に役割を果たします
- 目の健康をサポート
- より質の高い睡眠を得るのに役立ちます
- 血液凝固を防ぐ
- 喘息を助けることができる
- 消化を改善します
- 血圧の調節を助ける

- 免疫機能をサポート
- DNA 損傷を軽減します
- 炎症と戦う
- 皮膚の健康を改善する
- 減量をサポート

朝食

1. キウイパパイヤボウル

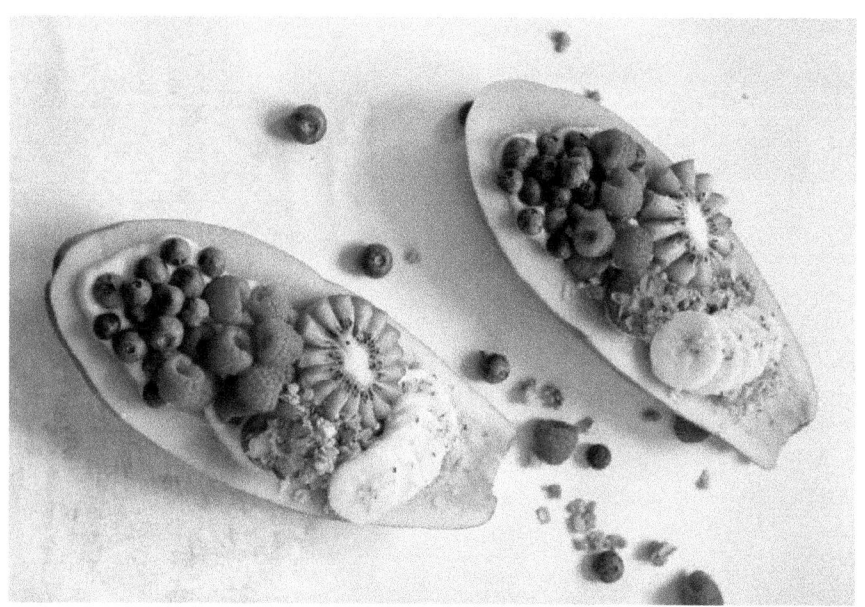

出来上がり量：4 人分

材料

- アマランサス 大さじ4（小分け）
- 熟した小さなパパイヤ 2 個
- ココナッツヨーグルト 2 カップ
- キウイ 2 個（皮をむいて角切り）
- 大きなピンクグレープフルーツ 1 個（皮をむき、輪切りにする）
- 大きなネーブルオレンジ 1 個（皮をむき、輪切りにする）
- 大麻の種子
- 黒ごま

手順

a) 高くて幅の広い鍋を中火にかけ、数分間加熱します。アマランサスを数粒加えて、鍋が十分に熱いかどうかを確認します。数秒以内に震えて弾けるはずです。そうでない場合は、鍋をさらに 1 分加熱して、もう一度テストしてください。鍋が十分に熱くなったら、アマランサス大さじ 1 を加えます。

b) 数秒以内に粒がはじけ始めるはずです。

c) 鍋の蓋をし、すべての穀物が弾けるまで時々振ります。飛び出したアマランサスをボウルに注ぎ、残りのアマランサスを一度に大さじ 1 杯ずつ加えて繰り返します。

d) パパイヤをヘタから尾まで縦半分に切り、種を取り除きます。それぞれの半分にアマランサスとココナッツヨーグルトを詰めます。

e) キウイ、グレープフルーツ、オレンジの房をのせ、麻の実とゴマをふりかけます。

2. ブルーベリーオートミールヨーグルトパンケーキ

出来上がり量：6 人分

材料

- 白全粒小麦粉　1/2 プラス　1/3　カップ
- オールドファッションロールドオーツ　1/2　カップ
- 砂糖　小さじ 1 と 1/2
- ベーキングパウダー　小さじ 1/2
- 重曹　小さじ 1/2
- コーシャーソルト　小さじ 1/4
- ギリシャヨーグルト　3/4　カップ
- 2%牛乳　1/2　カップ
- オリーブオイル　小さじ 1
- 1 つの大きい卵
- ブルーベリー　1/2　カップ
- イチゴ　12 個（薄くスライス）
- キウイ　2 個（皮をむいて薄くスライス）
- メープルシロップ　1/4　カップ

手順

a) テフロン加工のグリドルを華氏 350 度に予熱するか、テフロン加工のフライパンを中強火で加熱します。グリドルまたはフライパンに焦げ付き防止スプレーを軽く塗布します。

b) 大きなボウルに小麦粉、オーツ麦、砂糖、ベーキングパウダー、重曹、塩を入れて混ぜます。大きなガラスの計量カップまたは別のボウルに、ヨーグルト、牛乳、オリーブオイル、卵を入れて混ぜ合わせます。

c) 湿った混合物を乾燥した材料の上に注ぎ、ゴムベラで湿るまでかき混ぜます。

d) ブルーベリーを加え、軽く混ぜ合わせます。

e) バッチで作業し、パンケーキごとに 1/3 カップの生地をすくって鉄板の上に置き、表面に泡が現れ、裏面にきれいな焼き色が付くまで約 2 分間調理します。パンケーキをひっくり返して反対側も 1〜2 分長く焼きます。

f) パンケーキ、イチゴ、キウイ、メープルシロップを食事準備用の容器に分けます。蓋をしたまま冷蔵庫で 3〜4 日保存可能です。

g) 再加熱する場合は、完全に加熱されるまで 30 秒間隔で電子レンジに入れてください。

3. キウイの朝食

出来上がり量：1 食分

材料

- 梨 1 個
- セロリの茎　2 本
- 黄色いキウイフルーツ
- 水　大さじ 1
- すりおろし生姜　小さじ 1/2

手順

a)　梨、セロリ、キウイ 1 個を大きめに切り、大さじ 1 の水とブレンダーで滑らかになるまで混ぜます。

b)　他のキウイを細かく切り、生姜をすりつぶしてトッピングします。

4. オレンジマーマレードオートミール

製造数: 4

材料
- オールドファッションオーツ　2 カップ
- 水　2 1/4 カップ
- 牛乳　2 1/4 カップ
- 塩　小さじ 1/2
- 挽いたシナモン　小さじ 1/2
- 砂糖　1/4 カップ
- プレーン低脂肪ギリシャヨーグルト　大さじ 2
- オレンジマーマレード　大さじ 2
- オレンジとキウイのスライス

手順
a) 付け合わせを除くすべての材料をインスタントポットに加えます。

b) 炊飯器の蓋をしっかり閉めて「手動」ファンクションキーを押します。

c) 時間を 6 分に調整し、高圧で調理します。

d) 「ピッ」と音が鳴ったら、自然に圧力を抜き、蓋を外します。

e) 準備したオートミールをかき混ぜ、ボウルに盛り付けます。

f) 上にオレンジとキウイのスライスを飾ります。

5. キウイフレンチトースト

作る：2

材料

● パン

● ミルク半カップ

● 卵 2 個

● ハニー

● バニラ抽出物

● ナツメグ

● シナモン

● バター

● キウイ

手順

a) パン以外の材料をすべてフォークで混ぜます。パン片を混合物に浸します。

b) 溶かしたバターを入れたフライパンで黄金色になるまで炒めます。

c) お皿に移します。

d) その上にバターと蜂蜜大さじ 1 を加えます。

e) フレッシュなキウイフルーツを飾って召し上がれ！

6. レインボーライムチアプリン

材料

- 2%ミルク　1 1/4 カップ
- 2%プレーンギリシャヨーグルト　1 カップ
- チアシード　1/2 カップ
- 蜂蜜　大さじ 2
- 砂糖　大さじ 2
- ライムの皮　小さじ 2
- 絞りたてのライムジュース　大さじ 2
- バニラエッセンス　小さじ 1
- 刻んだイチゴとブルーベリー　1 カップ
- 角切りのマンゴー　1/2 カップと角切りのキウイ　1/2 カップ

手順

a) 大きなボウルに牛乳、ヨーグルト、チアシード、はちみつ、砂糖、ライムの皮、ライムジュース、バニラ、塩をよく混ぜ合わせます。

b) 混合物を 4 つの (16 オンス) メイソンジャーに均等に分けます。蓋をして冷蔵庫で一晩、または最大 5 日間冷蔵します。

c) 冷やしてお召し上がりいただき、イチゴ、マンゴー、キウイ、ブルーベリーをトッピングしてください。

7. ブルーベリー スピルリナ オーバーナイト オーツ

作る：1

材料
- オーツ麦 1/2 カップ
- ココナッツの細切り 大さじ 1
- シナモン 小さじ 1/8
- スピルリナ 小さじ 1/2
- 植物性ミルク 1/2 カップ
- 植物ベースのヨーグルト 大さじ 1 と 1/2
- 冷凍ブルーベリー 1/4 カップ
- 麻の実 小さじ 1（オプション）
- キウイ 1 個（スライス）

手順

a) 瓶またはボウルにオーツ麦、刻んだココナッツ、シナモン、スピルリナを加えます。次に、植物ベースのミルクとココナッツまたはナチュラルヨーグルトを加えます。

b) その上に冷凍ブルーベリーとキウイを加えます。一晩、または少なくとも 1 時間以上冷蔵します。

c) 召し上がる前にお好みで麻の実を加えてください。楽しみ！

8. ライム亜麻プリン

出来上がり量：1 食分

材料

- 2%ミルク　1 1/4 カップ
- 2%プレーンギリシャヨーグルト　1 カップ
- 亜麻仁　1/2 カップ
- 蜂蜜　大さじ 2
- 砂糖　大さじ 2
- ライムの皮　小さじ 2
- 絞りたてのライムジュース　大さじ 2
- バニラエッセンス　小さじ 1
- 刻んだイチゴとブルーベリー　1 カップ
- 角切りのマンゴー　1/2 カップと角切りのキウイ　1/2 カップ

手順

c)　　大きなボウルに牛乳、ヨーグルト、亜麻仁、はちみつ、砂糖、ライムの皮、ライムジュース、バニラ、塩をよく混ぜ合わせます。

d)　　混合物を 4 つのメイソンジャーに均等に分けます。

e)　　蓋をして冷蔵庫で一晩、または最大 5 日間冷蔵します。

f)　　冷やしてお召し上がりいただき、イチゴ、マンゴー、キウイ、ブルーベリーをトッピングしてください。

9. 抹茶とバタフライピーのスムージーボウル

作る：1

材料

- ほうれん草　1 カップ
- 冷凍バナナ　1 本
- パイナップル　1/2 カップ
- 上質抹茶パウダー　小さじ 1/2
- バニラエッセンス　小さじ 1/2
- 無糖アーモンドミルク　1/3 カップ

トッピング

- ミント
- キウイ
- ブルーベリー
- チーア種子
- 乾燥したバタフライピーの花

手順

a) スムージーの材料をすべてブレンダーに入れます。

b) 滑らかでクリーミーになるまでパルスします。

c) スムージーをボウルに注ぎます。

d) トッピングをふりかけて、すぐに食べられます。

10. ビタミン C パパイヤボウル

4 人分

- アマランサス 大さじ 4 （40 g）を小分けする
- 熟した小さなパパイヤ 2 個（それぞれ約 1 ポンド、または 455 g ）
- ココナッツヨーグルト 2 カップ（480g）
- キウイ 2 個（皮をむいて角切り）
- 大きなピンクグレープフルーツ 1 個（皮をむき、輪切りにする）
- 大きなネーブルオレンジ 1 個（皮をむき、輪切りにする）
- 大麻の種子
- 黒ごま

1　高くて幅の広い鍋を中火にかけ、数分間加熱します。アマランサスを数粒加えて、鍋が十分に熱いかどうかを確認します。数秒以内に震えて弾けるはずです。そうでない場合は、鍋をさらに 1 分加熱して、もう一度テストしてください。鍋が十分に熱くなったら、アマランサス大さじ 1 （10 g）を加えます。数秒以内に粒がはじけ始めるはずです。鍋の蓋をし、すべての穀物が弾けるまで時々振ります。弾いたアマランサスをボウルに注ぎ、残りのアマランサスを一度に大さじ 1 杯（10 g）ずつ加えて繰り返します。

2　パパイヤをヘタから尾まで縦半分に切り、種を取り除きます。それぞれの半分にアマランサスとココナッツヨーグルトを詰めます。キウイ、グレープフルーツ、オレンジの房をのせ、麻の実とゴマをふりかけます。

前菜

11. 生姜キウイフルーツ

4 回分が作れます

材料
- 砂糖　大さじ 3
- 水　大さじ 3
- 結晶化生姜（みじん切り）　大さじ 2
- バニラエッセンス　小さじ 1/4
- キウイフルーツ　4 個（皮をむいてスライス）
- オレンジ　2 個（皮をむいてスライス）

手順
a) 小さな鍋に砂糖、水、生姜を入れて中火にかけます。沸騰させます。

b) 絶えずかき混ぜながら、混合物が軽いシロップの粘稠度に達するまで約 3 分間沸騰させます。

c) 火から下ろし、バニラを加えてかき混ぜます。少し冷やしてください。

d) デザート皿にフルーツのスライスとジンジャーシロップを入れ、よく混ざるまでゆっくりとかき混ぜます。

e) 蓋をして、よく冷えるまで冷蔵庫で約 2 時間冷やします。

12. バナナとキウイの春巻き

出来上がり量: 6 人分

材料

● しっかり熟したバナナ　大 3 本

● 中 3 個　皮をむき、スライスした硬めの熟したキウイ

● 春巻きの皮　6 枚

● ライトブラウンシュガー　大さじ 3

● 卵白　大きめの 1 個、軽く溶きます

● ピーナッツ油、揚げ物用

● 製菓用砂糖　（ロールパンにまぶす用）

手順

a) バナナを縦半分に切ります。バナナ 1 本を切り口を上にして作業台に置き、キウイのスライスを 3〜5 枚置きます。

b) もう半分のバナナを上に乗せます。

c) バナナをしっかりと持ち、横に半分に切ります。残りのバナナとキウイでも同じことを繰り返します。春巻きの皮の角を手前に向けて作業台に置きます。詰めたバナナを半分水平にラッパーの中央に置きます。

d) バナナに小さじ 1 と 1/2 のブラウンシュガーを振りかけます。ラッパーの下の角をバナナの上にかぶせ、下に押し込みます。側面を折り込み、バナナをほぼ端まで巻きます。

e) 上の角に少量の卵白を刷毛で塗り、丸めてしっかりと押して密閉します。

f) 残りのロールパンも同様に準備します。中華鍋または深めのフライパンに油を 2 インチの深さまで注ぎ、中火〜強火で 375 度まで加熱します。

g) ロールを一度に 3 つずつ、濃い黄金色になるまで約 4 分間揚げます。揚げる途中で数回ひっくり返します。トングまたは穴付きスプーンを使用し

て、二重層のペーパータオルに移し、水気を切ります。残りのロールでも同じことを繰り返します。

h) ロールパンをそれぞれの皿に置き、製菓用の砂糖を振りかけます。お好みで、ココナッツラムまたはその他のホイップクリームをトッピングしてください。

i) すぐにお召し上がりください。

13. キウイ、ストロベリー、ブルーチーズのブルスケッタ

出来上がり量：12 人分

材料

- キウイスライス 12 枚
- 中くらいのイチゴ 12 個（皮をむいてスライス）
- 砂糖 小さじ 1
- 減脂肪クリームチーズ 1/4 カップ
- 砕いたブルーチーズ 1/4 カップ
- 必要に応じて、水小さじ 2
- 細かく刻んだ新鮮なチャイブ 大さじ 1、および飾り用にさらに
- 挽きたてのコショウ 小さじ 1/4
- 全粒粉バゲット 12 枚（温めるかトーストしたもの）

手順

a) 中くらいのボウルにキウイ、イチゴ、砂糖を入れて混ぜ、放置します。

b) クリームチーズとブルーチーズを小さなボウルに入れ、フォークを使って混ぜます。必要に応じて水を加えて、濃厚だが伸びやすい粘稠度を実現します。小さじ 1 杯のチャイブとコショウを加えて混ぜます。

c) 各バゲットに小さじ 1 杯程度のチーズ混合物を塗ります。キウイストロベリーミックスをトッピングします。チャイブを散らして飾ります。

14. キウイラムくるみパフ

生産数: 12

材料

- 2、みじん切りキウイ
- 既製ペストリー 2 枚
- ラムミンチ 200g
- 砕いたクルミ 4 個
- おろしたての生姜 大さじ 1
- ニンニク 3 片（みじん切り）
- チリパウダー 小さじ 1/2
- シラチャ 小さじ 1
- コリアンダーパウダー 小さじ 1
- クミンパウダー 小さじ 1
- レモン汁 大さじ 1
- ナトリウム醤油 大さじ 2
- 赤唐辛子フレーク 小さじ 1
- チーズブレンドミックス 大さじ 2
- 塩 - 好みに応じて
- 油 小さじ 2
- バター 小さじ 2
- 1、卵黄 小
- パセリの葉 大さじ 1（細かく刻む）
- ごま（飾り用）

手順

a) フライパンに油小さじ 1 を入れて中火で熱し、赤唐辛子、にんにく、生姜を加えて 1 分炒めます。子羊ひき肉に少量の塩、チリパウダー、コリアンダーパウダー、クミンパウダーを加え、5 分間炒めます。

b) 醤油とシラチャーソースを加えます。火を弱火にして蓋を閉め、10 分ほど煮ます。時々かき混ぜてください。スイッチを切り、ライムジュースを絞り、パセリの葉を飾り、よく混ぜて脇に置いておきます。

c) オーブンを 220℃に予熱します。

d) パイシートを少し柔らかくしてから開封し、好みの大きさに切ります。丸い大きさにカットしてみました。

e) ラムミックスをスプーンで盛り、キウイとクルミをスプーンで入れ、チーズをトッピングします。

f) 天板にアルミホイルを敷いて油を塗り、パフを並べます。パフに油/バター/溶き卵を塗ります。ゴマを少々ふりかけます。

g) きつね色になるまで 15〜20 分間焼きます。

h) 必要に応じて、再度オイルまたはバターを塗ります。

15. キウイのセビーチェ

製造数: 6

材料

マリネの場合:

- 新鮮なライムジュース　1 カップ程度
- 皮をむいてマッシュしたキウイ　1/4 カップ
- みじん切りにした白身魚　3 カップ

キウイと野菜のミックスの場合:

- 角切りの赤ピーマン　1 1/4 カップ
- 角切りのオレンジピーマン　1 1/4 カップ
- 赤玉ねぎのみじん切り　1 カップ
- 皮をむいて角切りにしたキウイ　3/4 カップ
- 刻んだハラペーニョ　大さじ 2
- 刻んだコリアンダー　1/2 カップ
- ニンニクのみじん切り　小さじ 1
- 油　大さじ 1
- ライムジュース　1/4 カップ
- 塩　小さじ 1/2

手順

魚をマリネする

a) 大きなガラスまたは陶器のボウルに、ライムジュース、マッシュしたキウイ、魚を入れて混ぜます。蓋をして、魚が不透明になるまで、マリネ時間の途中でかき混ぜながら、少なくとも 1 時間、最大 4 時間冷蔵庫で冷やします。

キウイと野菜の混合物を作る

b) 中くらいのガラスかセラミックのボウルに、角切りの赤ピーマン、オレンジピーマン、赤玉ねぎ、キウイ、ハラペーニョ、コリアンダー、ニンニク、油、ライムジュース、塩を入れて混ぜます。脇に置いておきましょう。

奉仕する

c) マリネした魚から余分なライム汁を取り除きます。マリネした魚とキウイと野菜の混合物を混ぜ合わせます。冷蔵保存するか、氷を入れたボウルに入れてお召し上がりください。クラッカー、チップス、レタスラップなどに添えてお召し上がりください。

16. キウイフルーツとエビ

出来上がり量: 4 人分

材料

- キウイフルーツ 3 個
- オリーブオイル 大さじ 3
- エビ 1 ポンド（皮をむく）
- 小麦粉 大さじ 3
- 生ハム 3/4 カップ、薄いストリップに切ります
- エシャロット 3 個（細かく刻む）
- チリパウダー 小さじ 1/3
- 辛口白ワイン ¾カップ

手順

a) キウイの皮をむきます。飾り用に 4 枚を残し、残りのフルーツはみじん切りにします。厚手のフライパンまたは中華鍋に油を入れて熱します。エビを小麦粉に入れて 30 秒炒めます。

b) 生ハム、エシャロット、チリパウダーを加えます。さらに 30 秒炒めます。みじん切りのキウイを加え、30 秒ほど炒めます。ワインを加えて半分に減らす。

c) すぐにお召し上がりください。

17. バッファローウィングのキウイディップソース添え

出来上がり量: 1 回分

材料
- 手羽先　1 ポンド

釉薬について:
- グリーンハラペーニョペッパーゼリー　1/2 カップ
- にんにく 1 片 （みじん切り）
- ブラウンシュガー　大さじ 1
- キウイフルーツ 1 個 （皮をむき、潰す）

ディップソースの場合:
- 赤ピーマンのみじん切り　大さじ 2
- 新鮮なコリアンダー　1/4 束
- スイートオニオン　小　1/8
- 種を除いたハラペーニョ　1/2 個
- トマティーロ　2 個、殻を取り除き、みじん切りにする
- フレッシュライムジュース　小さじ 1
- 塩　1 ダッシュ
- ブラウンシュガー　大さじ 2
- グリーンハラペーニョペッパーゼリー　大さじ 2

トッピング：
- キウイフルーツ 1 個 （皮をむき、潰す）

手順

a) オーブンを華氏 400 度に予熱します。

釉薬について:

b) ゼリー、ニンニク、黒砂糖、キウイフルーツを滑らかになるまで混ぜます。クッキングシートにホイルを敷き、油を軽くスプレーします。

c) 手羽先をホイルの上に置き、予熱したオーブンで 20〜25 分間、または茶色になり始めるまで焼きます。

d) 羽をオーブンから取り出し、釉薬を刷毛でたっぷりと塗布します。手羽先をオーブンに戻し、さらに 10 分間焼きます。

ディップソースの場合:

e) ピーマン、コリアンダー、玉ねぎ、ハラペーニョペッパー、トマティージョ、ライムジュース、塩、ブラウンシュガー、ハラペーニョゼリーをブレンダーまたはスチールブレードを備えたフードプロセッサーのボウルに入れます。

f) すべての材料が滑らかになるまでブレンドします。

g) 混ぜ合わせた混合物をボウルに注ぎ、マッシュしたキウイフルーツを加えます。よく混ざるまでかき混ぜます。

h) 手羽先をディップソースと一緒にお召し上がりください。

18.　ヴィーガン グレープ＆ベリーピザ

生産数: 12

材料
● シュガークッキークラスト　1 個

クリームチーズフィリング
● 8 オンスのビーガンクリームチーズスタイルスプレッド
● 固形分を取り除いた全脂肪ココナッツミルク　1 缶
● 粉砂糖　1/3 カップ
● 小さじ 1 杯。バニラ抽出物

果物のトッピング
● 大きめのイチゴ 8 個（スライス）
● キウイ 4 個（皮をむいてスライス）
● ブルーベリー　1/2 カップ
● 半分に切ったブドウ　1/2　カップ
● ラズベリー　1/4 カップ
● シンプルシロップ　大さじ 2

手順

i) オーブンを 350F に予熱します。14 インチのピザパンにクッキングスプレーをスプレーし、脇に置きます。

j) 準備しておいたピザパンにクッキー生地を均等に広げます。フォークでクラストにいくつかの穴を開け、端がきつね色になり、クッキーの真ん中が焼けるまで、クラストを 12〜15 分間焼きます。オーブンから取り出し、冷蔵庫または冷凍庫に入れて冷やします。

k) クリームチーズフィリングを作ります。フィリングを作るには、ココナッツミルクから固形物を中くらいの大きさのボウルにすくい取ります。ビーガンクリームチーズスタイルスプレッド、砂糖、バニラを加え、完全に滑らかになるまでハンドミキサーで混ぜます。使用するまで冷蔵してください。

l) ピザを組み立てます。クッキーが冷えたら、クリームチーズフィリングを上に乗せ、オフセットスパチュラで均等に広げます。フルーツを準備している間にピザを冷蔵庫に戻し、具を定着させます。

m) イチゴとキウイをスライスします。ブドウを半分に切ります。冷えたピザの上に新鮮なベリーを乗せ、同心円状に飾ります。シンプルなシロップをベリーに刷毛で塗り、輝きを与えます。

n) すぐにお召し上がりいただくか、お召し上がりになるまで冷蔵庫に戻してください。

19. フルーツブロシェットスナック

出来上がり量: 2 人分

材料

- 立方体またはハート型に切ったスイカ　1 カップ
- 立方体またはハート型に切ったココナッツ　1 カップ
- 立方体またはハート型に切ったキウイ　1 カップ
- ブルーベリー　1/4 カップ

手順

a) 串に刺して、フルーツ、スイカ、ココナッツ、キウイの順で、それぞれのフルーツの間にブルーベリーを入れます。

b) フルーツを冷蔵して、どこにでもスナックを持ち運べます。楽しみ

20. キウイライムナチョス

材料

プレーントルティーヤチップス　1 パック

キウイ　4 個（皮をむいてスライス）

ライム　2 個分のジュース

蜂蜜　1/4 カップ

手順

トルティーヤチップスを皿に並べ、その上にスライスしたキウイをのせます。

ライムジュースとはちみつを上からかけてください。

サラダ

21. 豆腐とエディブルフラワーのサラダ

出来上がり量: 2 人分

材料
夏のサラダに:

- バターレタス 2 個
- ラムレタス 1 ポンド
- ゴールデンキウイ 2 個　ゴールデンが入手できない場合はグリーンを使用
- オプションで食用の花　1　つかみ - 庭の月見草を使用しました
- くるみ　1 つかみ
- ヒマワリの種　小さじ 2 （オプション）
- レモン 1 個

豆腐フェタの場合:

- 豆腐は硬めのものを使用しました　1 丁
- リンゴ酢　大さじ 2
- 新鮮なレモン汁　大さじ 2
- ガーリックパウダー　大さじ 2
- オニオンパウダー　大さじ 2
- 生または乾燥ディル　小さじ 1
- 塩　1 つまみ

手順

a) ボウルに余分な木綿豆腐を角切りにし、他の材料をすべて加えてフォークで潰します。

b) 密閉容器に入れて冷蔵庫で数時間冷やします。

c) 盛り付けには、大きなボウルの底に大きな葉を並べ、その上にバターレタスとラムレタスを置きます。

d) キウイをスライスし、レタスの葉の上に置きます。

e) ボウルにクルミとヒマワリの種を散らします。

f) エディブルフラワーを慎重に摘んでください。サラダの周りにそっと置きます。

g) 豆腐フェタチーズを冷蔵庫から取り出します。この時点で、切り込むか砕くことができるはずです。大きなピースを周りに置きます。

h) レモンの半分を全体に絞り、残りの半分をテーブルに持ってきて追加します。

22. アジアンフレーバーのフルーツ料理

分量: 4〜6 人分

材料
- シロップ入りライチ 8 オンス缶
- ライム果汁 1 個
- ライムの皮 小さじ 1
- 砂糖 小さじ 2
- ^{1}水 /4 カップ
- 熟したマンゴー 1 個、皮をむき、種を取り、1/2 インチのサイコロ状に切ります。
- 洋梨 1 個、芯を取り除き、1/2 インチのサイコロ状に切ります。
- バナナ 2 本、皮をむいて 1/4 インチの部分に切ります
- キウイフルーツ 1 個、皮をむき、1/4 インチの部分に切る
- 砕いた無塩グリルピーナッツ 大さじ 1

手順
a) ライチシロップを小鍋に入れます。

b) ライチシロップにライム果汁と皮、砂糖と水を加え、砂糖が溶けるまで弱火で加熱します。沸騰したら火から下ろします。冷却してください。

c) マンゴー、洋ナシ、バナナ、キウイフルーツをライチの入った皿に加えます。

d) 取っておいたシロップと一掴みのピーナッツを添えてお召し上がりください。

23. ミントキヌアのフルーツサラダ

出来上がり量：4 人分

材料

- 塩　小さじ 1/4
- 6 オンスのキヌア、未調理
- みじん切りミント　1/3　カップ
- ヨーグルト　1/4 カップ
- オレンジジュース　大さじ 2
- イチゴ（スライス）1 と 1/2 カップ
- キウイフルーツ　中 2 個
- みかん　1 カップ

手順

a) 中型の鍋に水 2 カップと塩を入れて沸騰させ、キヌアを加えます。火を弱め、キヌアが半透明になるまで 15 分間煮ます。フードプロセッサーまたはブレンダーで、ミント、ヨーグルト、ジュースを混ぜ合わせ、滑らかになるまでピューレにします。脇に置いておきましょう。

b) 飾り用にイチゴのスライス 6 枚とキウイのスライス 3 枚を取っておきます。大きめのボウルに残りのイチゴ、残りのキウイ、みかんの部分を入れて混ぜ合わせます。フルーツミックスの上にヨーグルトソースを注ぎ、全体にまぜます。茹でたキヌアを加え、軽く混ぜてよく混ぜます。

c) 取っておいたイチゴとキウイのスライスを飾ります。完全に冷えるまで、蓋をして 2 時間冷蔵庫で保管します。

24. エキゾチックなフルーツサラダ

出来上がり量: 4 人分

材料

- キウイ 6 個（皮をむいてカット）
- バナナ 2 本（皮をむいてカット）
- 製菓用砂糖 大さじ 2
- レモン汁 大さじ 2
- バニラエッセンス 小さじ 1/2
- 中国の五香粉粉末 小さじ 1/4
- ラズベリー 1/2 個
- マンゴー
- パイナップル
- 製菓用の砂糖
- ミントの葉

手順

a) 砂糖、レモン汁、バニラ、中国の五香粉を泡立て、材料を増減して味を調整します。マンゴーとラズベリーを加えて混ぜ合わせます。

b) 提供する直前に、4 つのデザート プレートの外側の端にキウイを円形に配置し、内側の円のバナナ スライスをキウイに重ねて配置し、デザート プレートの中央にスペースを残します。

c) 真ん中に浸漬したラズベリーとマンゴーをスプーンで入れ、製菓用の砂糖をまぶし、ミントの葉を飾ります。

25. お祝いのフルーツサラダ

出来上がり量：1 食分

材料

- パイナップルの塊 1 缶
- 砂糖 1/2 カップ
- 中力粉 大さじ 3
- 卵 1 個ずつ、軽く溶きます
- みかん 2 缶
- 梨 1 缶
- キウイフルーツ 各 3 個
- 大 2　　りんご
- ピーカンナッツ半分 1 カップ

手順

a) パイナップルを水切りし、果汁を取っておきます。パイナップルを脇に置きます。果汁を小鍋に注ぎ、砂糖と小麦粉を加えます。沸騰させます。

b) 卵を手早く混ぜ、とろみがつくまで炒めます。火から下ろして冷まします。

c) 冷蔵してください。大きなボウルに、パイナップル、オレンジ、梨、キウイ、リンゴ、ピーカンナッツを混ぜ合わせます。ドレッシングをかけてよく混ぜます。蓋をして 1 時間冷やします。

26. ほうれん草とキウイとイチゴのサラダ

出来上がり量: 10 回分

材料

- ほうれん草　2 束（洗ってちぎる）
- キウイ　2 個（皮をむいてスライス）
- 1 クォートのイチゴ（皮をむき、スライスしたもの）
- ドレッシング：
- ごま　大さじ 2
- ケシの実　大さじ 1
- サイダービネガー　1/4 カップ
- グラニュー糖　1/4 カップ
- サラダ油　1/2 カップ
- ウスターソース　小さじ 1
- パプリカ　小さじ 1/2
- 玉ねぎのみじん切り　小さじ 4

手順

a) ドレッシングの材料を瓶に入れて混ぜ合わせます。蓋をしてよく振ります。味をブレンドするために放置します。

b) 食べるときに、ほうれん草をサラダボウルに入れます。

c) キウイとイチゴを加えます。ドレッシングと和えます。

27. アサイーベリークワークのフルーツサラダ

出来上がり量: 2 人分

材料

- リンゴ 1 個
- バナナ 1 本
- 4 キウイ
- 新鮮なベリー 200 グラム
- 種なしブドウ 200 グラム
- クオーク 100 グラム
- 蜂蜜 大さじ 1
- アサイーベリーパウダー 大さじ 1

手順

a) リンゴを洗い、四等分し、芯を取り、細かく切ります。バナナの皮をむき、スライスします。キウイは皮をむき、縦に 4 等分に切ります。キウイを細かく切ります。ベリーを洗い、軽くたたくように乾燥させます。ブドウを洗い、大きい場合は半分にします。フルーツを混ぜてボウルに分けます。

b) クワルクを蜂蜜とアサイーベリーパウダーと滑らかになるまでかき混ぜます。各フルーツサラダの上に風味豊かなクワルクを少量添え、必要に応じてゴマブリトルを飾ります。

28. キウイとエビのサラダ

材料

むきエビ 300
キウイ 2 個（皮をむいてスライス）
小さな赤玉ねぎ 1 個（薄くスライス）
オリーブオイル 大さじ 2
白ワインビネガー 大さじ 1
ディジョンマスタード 小さじ 1
塩とコショウの味
ミックスサラダの葉

手順

小さなボウルにオリーブオイル、白ワインビネガー、ディジョンマスタードを入れて混ぜ合わせ、ドレッシングを作ります。

大きなボウルにエビ、キウイ、赤玉ねぎを入れて混ぜます。

ドレッシングをエビ混合物の上に注ぎ、和える。

塩とコショウで味を調えます。

混ぜ合わせたサラダ葉を敷いてお召し上がりください。

29. キウイとサーモンのサラダ

材料

鮭の切り身　300g

キウイ　2 個（皮をむいてスライス）

小さな赤玉ねぎ　1 個（薄くスライス）

オリーブオイル　大さじ 2

レモン汁　大さじ 1

蜂蜜　小さじ 1

塩とコショウの味

ミックスサラダの葉

手順

オーブンを 200℃/180℃ファン/ガスマーク 6 に予熱します。

鮭の切り身を塩とコショウで味付けし、オーブンで 15〜20 分間、または火が通るまで焼きます。

小さなボウルにオリーブオイル、レモン汁、蜂蜜を入れて混ぜ合わせ、ドレッシングを作ります。

大きなボウルにキウイ、赤玉ねぎ、ミックスサラダの葉を入れて混ぜます。

サーモンをほぐしてボウルに入れ、ドレッシングをサラダの上に注ぎます。

衣をまぶし、塩、コショウで味を調えます。

30. キウイとツナのサラダ

材料

ツナ缶　1 缶（水切り）

キウイ　2 個（皮をむいてスライス）

小さな赤玉ねぎ　1 個（薄くスライス）

オリーブオイル　大さじ 2

バルサミコ酢　大さじ 1

塩とコショウの味

ミックスサラダの葉

手順

小さなボウルにオリーブオイルとバルサミコ酢を入れて混ぜ、ドレッシングを作ります。

大きなボウルにツナ、キウイ、赤玉ねぎ、ミックスサラダの葉を入れて混ぜます。

ドレッシングをサラダの上に注ぎ、和える。

塩とコショウで味を調えます。

メインコース

31. チリコンキヌア

メイク数: 6-8

材料

- キウイキヌア（未調理） 1 カップ
- エクストラバージンオリーブオイル 大さじ 1
- 赤または茶色の大きな玉ねぎ 1 個（みじん切り）
- 赤ピーマン 1 個（角切り）
- にんにく 4 片（みじん切り）
- 角切りまたはふるいにかけたトマト 800g
- トマトペースト 大さじ 2
- 野菜ストック 2 カップ
- チリパウダー 大さじ 2
- クミン粉 小さじ 2
- ココアパウダー 小さじ 2
- パプリカ 小さじ 2
- コリアンダー 小さじ 1
- カイエンペッパー 小さじ 1
- 塩とコショウ
- インゲン豆 400g 缶 2 個（水気を切り、洗ったもの）
- 黒豆缶 400g×1（水気を切り、洗ったもの）
- トウモロコシ粒 400g 缶、または旬の場合は生の缶 1 x
- コリアンダー 1/2 カップ、刻んだライム 1 個のジュース

提供するには:

- サワークリーム
- すりおろしたおいしいチーズ

● コリアンダーの葉

手順

a) キウイキヌア 1 カップを洗い、水 5 カップを入れた鍋に入れます。蓋をして沸騰させます。火を弱めて約 20 分間、またはキヌアの尻尾が出るまで煮ます。余分な水を濾し、脇に置きます。

b) 大きな鍋に油を入れて強火で加熱します。玉ねぎを加え、かき混ぜながら 4 分間または柔らかくなるまで煮ます。ニンニクとピーマンを加えてさらに 1 分間煮ます。

c) 角切りのトマト、トマトペースト、調理したキウイキヌア、ストック、チリパウダー、クミン、ココア、パプリカ、コリアンダー、カイエンペッパーを加え、塩とコショウで味を調えます。混合物を沸騰直前まで加熱し、火を弱めて沸騰させます。30 分間煮込みます。

d) インゲン豆、黒豆、コーン、新鮮なコリアンダー、ライムを加え、火が通るまで煮ます。

e) 温かいままお召し上がりいただき、お好みの新鮮なコリアンダーの葉、サワークリーム、おろしたおいしいチーズを添えてください。

32. キウイ入りキヌアのタブーレ

製造数: 4

材料
- キウイキヌア（未調理）　1 1/2 カップ
- フレッシュハーブ　1 1/2 カップ
- 赤玉ねぎ　1/2 個（みじん切り）
- レモン汁 2 個分
- エキストラバージンオリーブオイル　1/3 カップ
- 塩とコショウの味

手順
a) キウイキヌア 1 と 1/2 カップを洗い、水 6 カップが入った鍋に入れます。蓋をして沸騰させます。火を弱めて約 20 分間、またはキヌアの尻尾が出るまで煮ます。余分な水を濾し、冷まします。

b) 小さめのボウルに、刻んだばかりのハーブ、赤玉ねぎ、レモン汁を入れ、5 分間マリネしてからオリーブオイルを加えます。ハーブ混合物とキウイ・キヌアを混ぜ合わせて混ぜます。

c) 塩とコショウで味を調えます。

33. オヒョウのキウイシャルドネソース添え

出来上がり量：4 人分

材料
- オヒョウの切り身　4 オンス
- 塩
- 小麦粉　1/4 カップ
- キウイ　3 個（皮をむく）
- エシャロット　3　個（さいの目切り）
- シャルドネワイン　3/4 カップ
- 清澄バター　大さじ 4
- キウイ　1 個（皮をむき、8 等分に切る）
- 1/2 ポンドのスイートバター、冷たいもの、小さな立方体に切る
- 塩

手順
a) オヒョウに塩をまぶします。魚に小麦粉を軽くまぶします。大きなフライパンに透明なバターを入れ、熱くなるまで中火で加熱します。小麦粉をまぶしたオヒョウの切り身を片面 3〜4 分、または黄金色になり完成するまでソテーします。

b) 4　つの個別の皿にソテーしたオヒョウの切り身を　1　つずつ置きます。キウイシャルドネソースをかけていただきます。各皿にキウイのスライスを　2 枚飾ります。キウイ　シャルドネ　ソース: キウイをブレンダーに入れてピューレにします。

c) 小さな鍋にピューレにしたキウイ、エシャロット、シャルドネを入れます。

d) 材料を強火で加熱し、液体が大さじ 3 杯になるまで 4〜6 分間調理します。火を中程度に下げます。

e) 絶えず泡立てながら、バターキューブを一度に 1 つずつ加えます。塩を加えてかき混ぜます。ソースを火から下ろし、食べる準備ができるまで温かいままにしておきます。

34. ローストチキンとキウイのラズベリーグレーズ添え

出来上がり量：4 人分

材料

- 1×ラズベリーグレーズ
- 丸鶏 2 羽（半分）
- 塩 小さじ 1
- コショウ 小さじ 1/4
- 溶かしたバター 1/4 カップ
- キウイ 4 個（中）、皮をむき、スライスする

手順

a) 鶏肉に塩、こしょうをふる。鶏肉を皮側を上にして、大きな浅い天板に一層に置きます。

b) 鶏肉にバターを刷毛で塗り、頻繁にバターを塗りながら 400°F のオーブンで約 45 分間、または鶏肉がフォークで柔らかくなるまで焼きます。

c) 脂肪を排出します。

d) 鶏肉の上にスプーンでグレーズをかけます。鍋に溜まったソースを使ってグレージング手順を繰り返します。

e) 鶏肉半分につきキウイ 1 個を使用して、キウイのスライスを上に置きます。

f) オーブンに戻し、約 3 分間、またはフルーツと鶏肉に焼き色が付くまで焼きます。

35. キウイと鶏肉の炒め物

材料

骨なし鶏胸肉 2 枚（スライス）

植物油 大さじ 2

赤ピーマン 1 個（スライス）

緑ピーマン 1 個（スライス）

玉ねぎ 1 個（スライス）

ニンニク 2 片（みじん切り）

キウイ 2 個（皮をむいてスライス）

醤油 大さじ 2

コーンスターチ 大さじ 1

塩とコショウの味

手順

中華鍋または大きなフライパンに油を入れて中火で加熱します。

鶏肉を加え、3〜4 分間、または茶色になるまで炒めます。

ピーマン、玉ねぎ、にんにくを加え、さらに 3〜4 分間炒め続けます。

小さなボウルに醤油とコーンスターチを入れて滑らかになるまで混ぜます。

キウイを鍋に加え、しょうゆを加えて混ぜます。

ソースが濃くなり、キウイに火が通るまで炒め続けます。

塩とコショウで味を調えます。

36. キウイと豚肉の炒め物

材料

ポークチョップ 2 枚（スライス）
植物油 大さじ 2
ニンニク 2 片（みじん切り）
キウイ 2 個（皮をむいてスライス）
醤油 大さじ 1
蜂蜜 大さじ 1
塩とコショウの味
盛り付け用のご飯

手順

中華鍋または大きなフライパンに油を入れて中火で加熱します。

豚肉を加え、3〜4 分間、または茶色になるまで炒めます。

ニンニクを加え、さらに 1 分間炒め続けます。

キウイ、醤油、蜂蜜を鍋に加え、さらに 2〜3 分間、またはキウイに火が通るまで炒めます。

塩とコショウで味を調えます。

ご飯の上にお召し上がりください。

37. キウイと牛肉の炒め物

材料

牛サーロイン　400g（薄切り）

植物油　大さじ 2

ニンニク　2 片（みじん切り）

キウイ　2 個（皮をむいてスライス）

オイスターソース　大さじ 1

醤油　大さじ 1

塩とコショウの味

盛り付け用のご飯

手順

中華鍋または大きなフライパンに油を入れて中火で加熱します。

牛肉を加え、3〜4 分間、または茶色になるまで炒めます。

ニンニクを加え、さらに 1 分間炒め続けます。

キウイ、オイスターソース、醤油を鍋に加え、さらに 2〜3 分、またはキウイに火が通るまで炒めます。

塩とコショウで味を調えます。

ご飯の上にお召し上がりください。

38.キウイと野菜の炒め物

材料

赤玉ねぎ 1 個（スライス）
赤ピーマン 1 個（スライス）
緑ピーマン 1 個（スライス）
にんじん 1 本（スライス）
ニンニク 2 片（みじん切り）
キウイ 2 個（皮をむいてスライス）
醤油 大さじ 1
塩とコショウの味
盛り付け用のご飯

手順

中華鍋または大きなフライパンに油を入れて中火で加熱します。

玉ねぎ、ピーマン、にんじんを加え、3〜4 分間炒めます。

ニンニクを加え、さらに 1 分間炒め続けます。

キウイと醤油を鍋に加え、さらに 2〜3 分間、またはキウイに火が通るまで炒めます。

塩とコショウで味を調えます。

ご飯の上にお召し上がりください。

39. キウイと牛肉のブロッコリー炒め

材料

牛サーロイン 400g（薄切り）

植物油 大さじ2

ニンニク 2片（みじん切り）

キウイ 2個（皮をむいてスライス）

オイスターソース 大さじ1

醤油 大さじ1

塩とコショウの味

ブロッコリー 1個、小花に切る

盛り付け用のご飯

手順

中華鍋または大きなフライパンに油を入れて中火で加熱します。

牛肉を加え、3〜4分間、または茶色になるまで炒めます。

ニンニクを加え、さらに1分間炒め続けます。

キウイ、オイスターソース、醤油を鍋に加え、さらに2〜3分、またはキウイに火が通るまで炒めます。

塩とコショウで味を調えます。

別の鍋でブロッコリーの小花を柔らかくなるまで蒸します。

牛肉の炒め物をご飯の上に盛り付け、蒸したブロッコリーを添えます。

40. キウイとキヌアのサラダ

材料

キヌア 1 カップ（洗って水気を切る）

水 2 カップ

キウイ 2 個（皮をむいて角切り）

小さなキュウリ 1 本（さいの目切り）

赤ピーマン 1 個（角切り）

刻んだ新鮮なパセリ 1/4 カップ

オリーブオイル 大さじ 2

レモン汁 大さじ 1

塩とコショウの味

手順

中くらいの鍋に水とキヌアを入れて沸騰させます。

火を弱め、蓋をし、15〜20 分間、または水分が吸収されてキヌアが柔らかくなるまで煮ます。

キヌアをフォークでほぐし、大きなボウルに移します。

キウイ、キュウリ、赤ピーマン、パセリをボウルに加えます。

小さなボウルにオリーブオイルとレモン汁を入れて混ぜ、ドレッシングを作ります。

ドレッシングをキヌアサラダの上に注ぎ、和える。

塩とコショウで味を調えます。

41. キウイとエビの炒め物

材料

エビ 400g（皮をむいて背わたを取り除いたもの）
植物油 大さじ 2
ニンニク 2 片（みじん切り）
キウイ 2 個（皮をむいてスライス）
醤油 大さじ 1
塩とコショウの味
赤ピーマン 1 個（スライス）
盛り付け用のご飯

手順

中華鍋または大きなフライパンに油を入れて中火で加熱します。
エビを加え、3〜4 分間、または火が通るまで炒めます。
ニンニクを加え、さらに 1 分間炒め続けます。
キウイ、醤油、赤ピーマンを鍋に加え、さらに 2〜3 分間、またはキウイに火が通るまで炒めます。
塩とコショウで味を調えます。
ご飯の上にお召し上がりください。

調味料

42. キウイのスパイシーサルサ

分量: 2〜4 人分

材料

● キウイ 6 個（皮をむいて角切りにする）

● ハラペーニョ 2 個

● エシャロット 1 個（さいの目切り）

● ローマトマト 1 個（角切り）

● コリアンダー（スライス）大さじ 2

● チャイブ 大さじ 1

● すりおろした生姜 小さじ 1

● エクストラバージンオリーブオイル

● コーシャーソルト (適宜)

● ライム 1 個

手順

a) 中くらいのボウルにキウイ、ハラペーニョ、エシャロット、トマト、コリアンダー、チャイブ、生姜を入れて混ぜます。

b) ライム 1 個を絞り、エクストラバージンオリーブオイルを上からかけてください。

c) 塩で味を調え、お召し上がりいただくか、ガラス瓶に入れて冷蔵庫で保管してください。

d) 冷蔵庫から取り出して肉の上に乗せたり、映画の夜にコーンチップスと一緒に使ったりできます。

43. ストロベリーキウイジャム

出来上がり量：1 食分

材料
- 砕いたイチゴ 2¾カップ
- キウイフルーツ 1 1/4 カップ（皮をむき、みじん切りにする）
- 砂糖 3 1/4 カップ
- ペクチンクリスタル 1 パック

手順
a) 準備した果物を大きなボウルに計量します。砂糖を計って置いておきます。

b) ペクチンクリスタルを計量した砂糖 1/4 カップと混ぜます。果物に少しずつ加え、よくかき混ぜます。

c) 時々かき混ぜながら 30 分間放置します。残りの砂糖を加えてかき混ぜ、砂糖がほとんど溶けるまで 3 分間かき混ぜ続けます。

d) 清潔な瓶またはプラスチック容器に注ぎます。しっかりと蓋をして、固まるまで室温で放置します。

e) 冷凍庫または冷蔵庫で 3 週間保存できます。6 杯分作れます。

44. キウイダイキリジャム

出来上がり量：4 人分

材料

● キウイフルーツ 5 個（皮をむく）

● 砂糖 3 カップ

● 無糖パイナップルジュース 2/3 カップ

● フレッシュライムジュース 1/3 カップ

● 3 オンスの液体ペクチン

● 緑色の食用色素、オプション

● ラム酒 大さじ 4

手順

a) 沸騰水缶詰に水を入れます。清潔なハーフパイントのメイソンジャーを 4 個缶詰缶詰に置きます。蓋をして水を沸騰させ、少なくとも 10 分間煮沸して高度 1000 フィートまでの瓶を滅菌します。

b) スナップ蓋を沸騰したお湯に入れ、5 分間沸騰させてシーリングコンパウンドを柔らかくします。

c) 大きなステンレス鋼またはエナメルの鍋で、キウイフルーツをアップルソースの粘稠度になるまでマッシュします。砂糖、パイナップル、ライムジュースを加えて混ぜます。

d) 完全に沸騰させ、砂糖が溶けるまでかき混ぜます。

e) 絶えずかき混ぜながら、2 分間激しく沸騰させます。

f) 火から下ろし、ペクチンを加えてかき混ぜます。果実の浮き上がりを防ぐため、5 分間かき混ぜ続けます。ラム酒を入れてかき混ぜます。

g) 熱い滅菌瓶の上部の縁から 1/4 インチ以内までお玉を詰めます。

h) ゴムベラをガラスと食品の間に滑らせて気泡を取り除き、ヘッドスペースを 1/4 インチに再調整します。瓶の縁を拭き、ベタつきを取り除きます。ジャーの中央にスナップ蓋を置き、ネジバンドを指先でしっかりと締めます。瓶を缶詰缶に置きます。残りの紙詰まりについてもこの手順を繰り返します。

i) 缶詰の蓋をして、水を沸騰させ、5 分間処理します。24 時間保冷。瓶のシールを確認してください。

j) ネジバンドを取り外します。瓶を拭き、ラベルを貼り、冷暗所に保管します。

45. キウイのコンポート

生産数: 8

材料

- キウイ 5 個
- 砂糖 大さじ 2
- 新鮮なレモン汁 小さじ 2

手順

a) キウイは皮をむいて乱切りにし、残りを砂糖とレモン汁と一緒に鍋に入れます。まな板からキウイジュースを鍋に加えます。

b) 火を中火にし、鍋をよく混ぜて沸騰させます。火を弱めて 5 分間煮ます。

c) キウイの一部をフォークで少し潰します。

d) すぐに使用できますが、蓋付きの容器に入れて冷蔵庫で最長 1 週間保存できます。

46. キウイジャム

材料

- キウイフルーツ　1 1/4 ポンド（550g）
- 砂糖　2 ポンド（できればキャスター）
- 液体ペクチン　1/2　ボトル
- レモン汁　大さじ 2（30ml）

手順

a) 果実は薄く皮をむき、ヘタの先の硬い部分を取り除きます。

b) 果物をよく砕き、砂糖と混ぜます。

c) 時々かき混ぜながら、暖かいキッチンに 1 時間放置します。

d) 液体ペクチンを加えてよく混ぜます。

e) レモン汁を加え、2 分間かき混ぜて完全に混ぜます。

f) 膨張の余地を残して、適切な小さな冷凍容器に移します。

g) フリーザーホイルまたはラップフィルムで覆います。

h) 暖かいキッチンに 24～48 時間放置し、その後冷凍します。

47. キウイレーズンチャツネ

材料

キウイ 4 個 （皮をむいてみじん切り）
レーズン 1/4 カップ
みじん切り玉ねぎ 1/4 カップ
リンゴ酢 1/4 カップ
ブラウンシュガー 1/4 カップ
すりおろし生姜 小さじ 1/4
挽いたシナモン 小さじ 1/4
塩とコショウの味

手順

中型の鍋にキウイ、レーズン、玉ねぎ、酢、ブラウンシュガー、生姜、シナモンを入れて混ぜます。

混合物を沸騰させ、弱火にして 20〜25 分間、またはチャツネが濃くなるまで煮ます。

塩とコショウで味を調えます。

グリルした肉の薬味として、またはサンドイッチのスプレッドとしてお召し上がりください。

48. キウイワカモレ

材料

皮をむいて種を取り除いた熟したアボカド 2 個
キウイ 2 個（皮をむいて角切り）
赤玉ねぎのみじん切り 1/4 カップ
刻んだ新鮮なコリアンダー 1/4 カップ
ライム果汁 1 個
塩とコショウの味

手順

中くらいのボウルにアボカドを入れ、フォークまたはポテトマッシャーでマッシュします。

キウイ、赤玉ねぎ、コリアンダー、ライムジュースを加え、かき混ぜます。

塩とコショウで味を調えます。

トルティーヤチップスにディップしたり、タコスのトッピングとしてもお召し上がりいただけます。

49. キウイとミントのチャツネ

材料

キウイ 2 個 （皮をむいてみじん切り）
新鮮なミントの葉 1/4 カップ
みじん切り玉ねぎ 1/4 カップ
レモン汁 大さじ 1
グラウンドクミン 小さじ 1/2
塩とコショウの味

手順

フードプロセッサーで、キウイ、ミントの葉、玉ねぎ、レモン汁、クミンを混ぜます。

混合物が滑らかになり、よく混ざるまでパルスします。

塩とコショウで味を調えます。

グリルした肉の薬味として、またはサンドイッチのスプレッドとしてお召し上がりください。

50. キウイとキュウリのライタ

材料

プレーンギリシャヨーグルト　1 カップ

キウイ　1 個（皮をむいて角切り）

皮をむき、さいの目に切った小さなキュウリ　1 本

刻んだ新鮮なミントの葉　1/4 カップ

塩とコショウの味

手順

中くらいのボウルにヨーグルト、キウイ、キュウリ、ミントの葉を入れて混ぜ合わせます。

塩とコショウで味を調えます。

インド料理の調味料として、またはピタパンや野菜のディップとしてお召し上がりください。

51. キウイとパイナップルのサルサ

材料

キウイ 2 個（皮をむいて角切り）
角切りにした新鮮なパイナップル 1 カップ
赤玉ねぎ 1/4 個（みじん切り）
刻んだ新鮮なコリアンダー 1/4 カップ
ライム果汁 1 個

手順

中くらいのボウルにキウイ、パイナップル、赤玉ねぎ、コリアンダーを入れて混ぜます。

ライム果汁を加えてかき混ぜます。

塩とコショウで味を調えます。

グリルした魚や鶏肉のトッピングとしてお使いください。

52. キウイとハラペーニョのレリッシュ

材料

キウイ 2 個 （皮をむいて角切り）
種を取り、みじん切りにしたハラペーニョ 1 個
赤玉ねぎのみじん切り 1/4 カップ
蜂蜜 大さじ 1
リンゴ酢 大さじ 1
塩とコショウの味

手順

中くらいのボウルにキウイ、ハラペーニョ、赤玉ねぎ、蜂蜜、酢を入れて混ぜます。

塩とコショウで味を調えます。

グリルした肉の薬味として、またはハンバーガーのトッピングとしてご利用ください。

53. キウイとマンゴーのチャツネ

材料

キウイ　2 個（皮をむいてみじん切り）
マンゴー　1 個（皮をむいて刻む）
赤玉ねぎのみじん切り　1/4 カップ
リンゴ酢　1/4 カップ
ブラウンシュガー　1/4 カップ
グラウンドクミン　小さじ 1/2
塩とコショウの味

手順

中型の鍋にキウイ、マンゴー、赤玉ねぎ、酢、ブラウンシュガー、クミンを入れて混ぜます。

混合物を沸騰させ、弱火にして 20〜25 分間、またはチャツネが濃くなるまで煮ます。

塩とコショウで味を調えます。

グリルした肉の薬味として、またはサンドイッチのスプレッドとしてお召し上がりください。

54. キウイとライムバター

材料

柔らかくした無塩バター　1/2　カップ
キウイ　2 個（皮をむいて潰す）
ライムの果汁と皮　1 個
塩とコショウの味

手順

中くらいのボウルにバター、マッシュしたキウイ、ライムジュース、ライムの皮を入れて混ぜます。

塩とコショウで味を調えます。

パンに塗ったり、グリルした肉や野菜のトッピングとしてもお召し上がりいただけます。

デザート

55. ストロベリーキウイロールケーキ

出来上がり量：8 人分

材料
● 砂糖 1 カップ
● 中力粉 大さじ 11
● 水 大さじ 1
● 大きめの卵 6 個
● 熱湯 大さじ 1
● 生クリーム 2 カップ
● 植物油 大さじ 3
● バニラエッセンス 小さじ 1
● イチゴ 1 カップ（みじん切り）
● 蜂蜜 大さじ 2
● キウイ 1 カップ（みじん切り）

手順
a) ストーブを 375°F に加熱し、16×11 のベーキングトレイにクッキングシートを置きます。

b) 小麦粉をふるいに通してミキシングボウルに入れます。

c) 卵白を泡立つまで 60 秒間泡立て、砂糖をゆっくりと加えて角が立つまで泡立てます。電動ミキサーをお持ちの場合は、この方が良いでしょう。

d) 次に、卵黄を 1 つずつ静かに加え、追加の間に 60 秒間混ぜ、すべてが入ったら水と油を加え、再び 10 秒間混ぜます。

e) 次に、小麦粉をゆっくりと混ぜてよく混ぜます。

f) ケーキミックスをベーキングトレイに加え、トレイを数回落として空気を抜きます。

g) オーブンで 12〜15 分間調理します。

h) 準備ができたら、クッキングシートを取り出して上に置き、裏返してベースから紙を外し、冷却ラックに置きます。

i) 温かいうちにクッキングシートを使って巻き、ロールケーキの中に入れておきます。

j) さらに 10 分間冷まします。

k) 待っている間に蜂蜜と水を混ぜて横に置きます。

l) クリームにバニラと残りの砂糖を加えて角が立つまで泡立てます。

m) 次に、ケーキを取り出して広げ、紙を取り出し、一方の端を斜めにカットして完成です。

n) 蜂蜜をケーキの上に塗り、続いてクリームを塗ります。

o) キウイとイチゴを加えて丸め、外側にクッキングシートを敷いて丸く保ちます。

p) 形を保つために冷蔵庫で 20 分ほど休ませます。

q) スライスしてお召し上がりください。

56.プレミアホワイトフルーツタルト

出来上がり量：1 食分

材料

- シングルクラスト、9 インチパイ用ペストリー
- グラニュー糖 1/3 カップ
- 中力粉 1/4 カップ
- 卵黄 3 個
- 牛乳 1 カップ
- 6 オンスのホワイトベーキングバー、みじん切り
- バニラエッセンス 小さじ 1
- 温めたアプリコットジャム 1/4 カップ
- キウイフルーツ 2 個（皮をむき、スライスする）
- ラズベリー 1 カップ
- プレミア ホワイト リーフ、オプション

手順

a) 9 インチのタルト型にペストリーを並べ、端を切り取ります。パイ生地に
フォークで穴をあけます。予熱した 425°F のオーブンで、生地が軽く茶
色になるまで 10〜12 分間焼きます。室温まで冷却します。

b) 小鍋に砂糖と小麦粉を入れて混ぜ、卵黄と牛乳を加えて混ぜる。
混合物が沸騰するまで、絶えずかき混ぜながら中火で調理します。

c) 熱を減らします。混合物が濃くなり滑らかになるまで、絶えずかき混
ぜながら 3 分間煮ます。暑さから削除。

d) ベーキングバーとバニラを加え、滑らかになるまでかき混ぜます。具の
表面にラップを直接押し付け、完全に冷やします。

e) タルトシェルを型から外します。ジャムを底にブラシで塗り、5 分間放置します。

f) 詰め物を広げます。その上にフルーツを並べます。チル。必要に応じて、プレミアホワイトリーフを飾ります。

57. キウイシャーベット

製造数: 4

材料

- キウイフルーツ 8 個
- シンプルシロップ 1 1/3 カップ
- 新鮮なレモン汁 小さじ 4

手順

a) キウイの皮をむきます。フードプロセッサーでピューレ状にする。ピューレは約 2 カップ必要です。

b) シンプルシロップとレモン汁を加えて混ぜます。

c) 混合物をアイスクリームメーカーのボウルに注ぎ、凍らせます。メーカーの取扱説明書に従ってください。

58. キウイアボカドプリンボウル

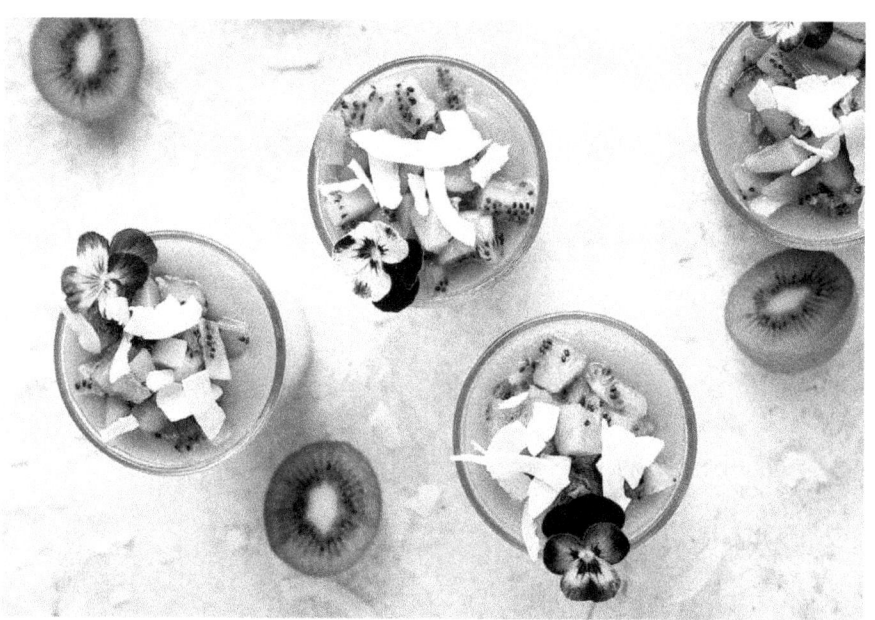

製造数: 4

材料

- 皮をむき、種を取り除いた熟したアボカド　3　個
- プレーンギリシャヨーグルト　1/2 カップ
- 絞りたてのライムジュース　1/2 カップ
- 絞りたてのレモン汁　大さじ 2
- ライムの皮　1 個
- 蜂蜜またはアガベシロップ　大さじ 4
- バニラエッセンス　小さじ 1/2
- 細粒海の塩
- 無糖のトーストココナッツフレーク
- 刻んだカシューナッツ
- キウイは皮をむいてスライスしたもの
- ラズベリー

手順

a) アボカドの果肉、ヨーグルト、ライム汁、レモン汁、ライムの皮、蜂蜜または リュウゼツラン、バニラ、塩ひとつまみをフードプロセッサーのボウルに加えます。よく混ざり滑らかになるまで、約　1　分間続けて処理します。

b) プリンをボウルに分けます。ココナッツフレーク、カシューナッツ、キウイ、ラズベリーをトッピングします。

c) ビーガンにしましょう ｜ このデザートボウルをビーガン対応にするのは信じられないほど簡単です。甘味料としてアガベを使用し、ギリシャヨーグルトを乳製品を含まないヨーグルトに交換してください。代替品としては

カシュー ヨーグルトとアーモンド ヨーグルトがおすすめですが、ココナッツ ヨーグルトや豆乳ヨーグルトもうまくいきます。

59.レインボーライムチアプリン

出来上がり量：1 食分

材料

- 2%ミルク　1 1/4 カップ
- 2%プレーンギリシャヨーグルト　1 カップ
- チアシード　1/2 カップ
- 蜂蜜　大さじ 2
- 砂糖　大さじ 2
- ライムの皮　小さじ 2
- 絞りたてのライムジュース　大さじ 2
- バニラエッセンス　小さじ 1
- 刻んだイチゴとブルーベリー　1 カップ
- 角切りのマンゴー　1/2 カップと角切りのキウイ　1/2 カップ

手順

d) 大きなボウルに牛乳、ヨーグルト、チアシード、はちみつ、砂糖、ライムの皮、ライムジュース、バニラ、塩をよく混ぜ合わせます。

e) 混合物を 4 つのメイソンジャーに均等に分けます。蓋をして冷蔵庫で一晩、または最大 5 日間冷蔵します。

f) 冷やしてお召し上がりいただき、イチゴ、マンゴー、キウイ、ブルーベリーをトッピングしてください。

60. ぶどうとキウイのタルト

出来上がり量：1 食分

材料

- 1 焼いたタルトシェル
- 砂糖 1/4 カップ
- 小麦粉 大さじ 3（中力粉）
- ゼラチン封筒 1 枚
- 塩 小さじ 1/4
- 卵（大）2 個
- 卵黄 1 個（大）
- アーモンドエキス 大さじ 2
- 1/2 ポンドのブドウ、種なし緑色
- キウイフルーツ、中 3 個
- クリーム（ホイップ） 1/2 カップ
- リンゴゼリー 大さじ 2

手順

a) 取り外し可能な底付きのタルト型で 10 インチのタルトシェルを準備して焼きます。

b) ワイヤーラックの上で冷まします。

c) 2 クォートの重い鍋に砂糖、小麦粉、ゼラチン、塩を入れて混ぜます。

d) 小さなボウルに、卵と卵黄、牛乳を入れて泡立て器またはフォークでよく混ぜ、ゼラチン混合物を加えて混ぜます。

e) 1分間放置してゼラチンを少し柔らかくします。絶えずかき混ぜながら弱火で、混合物が濃くなりスプーンにしっかりとかかるまで、約 15 分間煮ます。

f) 鍋を火から下ろし、アーモンドエキスまたはアーモンドリキュールを加えてかき混ぜます。

g) 蓋をして、スプーンから落としたときに混合物が少し盛り上がるまで、時々かき混ぜながら約 1 時間冷蔵庫で冷やします。その間に、ブドウを縦半分に切ります。キウイは皮をむき、薄くスライスします。ブドウとキウイを脇に置きます。

h) 小さなボウルに中速のミキサーを入れ、中火のミキサーで泡立て、生クリームを角が立つまで泡立てます。ゴムベラまたはワイヤー泡立て器を使用して、ホイップクリームをアーモンドカスタードに混ぜます。

i) 冷めたタルト生地にカスタードをスプーンで均等に入れます。タルトの上に、切り口を下にしてブドウとキウイフルーツを同心円状に並べます。

j) タルト型から側面を慎重に取り外します。小さな鍋を中火にかけ、時々かき混ぜながらリンゴのゼリーを溶かします。

k) ペストリーブラシを使って、溶かしたゼリーを慎重に塗ります。フィリングが完全に固まるまでタルトを冷蔵庫で冷やします。

61. ストロベリーキウイパイ

出来上がり量: 10 回分

材料

- 沸騰したお湯 2/3 カップ
- 3 オンスボックス ストロベリーキウイゼリーオール
- 冷水 1/2 カップ
- アイスキューブ
- 8 オンス タブクールホイップ
- 9 オンスのグラハムクラッカークラムクラスト
- キウイ 3 枚 （飾り用）
- イチゴ 1 個 （飾り用）
- 付け合わせ用クールホイップ

手順

a) 大きなボウルに熱湯を入れ、JELL-O を 2 分間または溶けるまでかき混ぜます。

b) 冷水と氷を混ぜて 1/4 カップを作ります。ゼラチンに少しずつ加え、少しとろみがつくまで混ぜます。

c) 残った氷を取り除きます。

d) 浴槽内の COOL WHIP をワイヤー泡立て器で滑らかになるまでかき混ぜます。10〜15 分間、または混合物が非常に濃くなり、盛り上がるまで冷蔵庫で冷やします。スプーンで生地に入れます。

e) 4 時間または固まるまで冷蔵庫で冷やします。食べる直前に、キウイのスライス 3 枚と、スライスして扇形に広げた丸ごとのイチゴを囲み、クールホイップを少量添えます。

62. ホワイトチョコレートムースとキウイソース

出来上がり量：4 人分

材料
- ゼラチンの葉　1 と 1/2
- 7 オンスのホワイトチョコレート
- 卵 1 個
- キウイフルーツ　3 個
- レモンの輪切り
- スライスしたイチゴまたはキウイ
- 卵黄　1 個
- コアントローまたはグランマルニエ　大さじ 1
- 10 オンスのクリーム
- アイシングシュガーフルーツスライス

手順
a) 板ゼラチンを冷水に 10 分ほど浸してふやかします。耐熱ボウルにチョコレートを入れ、沸騰させない程度の熱湯をかけて溶かします。冷ましておきますが、固まらないようにしてください。

b) ステンレス製のボウルに卵と卵黄を入れ、熱した（沸騰させない）水を入れた鍋でとろみがつくまで混ぜます。ゼラチンの葉を絞り、温かい卵混合物に加えて溶けるまでかき混ぜます。叩きながら冷却させます。

c) 混合物が滑らかで均一になるまで、溶かしたチョコレートを少しずつ混合物に加えます。リキュールを加えてかき混ぜます。

d) クリームを濃厚になるまで泡立て、チョコレート混合物に慎重に混ぜます。

e) ムースが固まるまで冷蔵庫に 2 時間入れます。

f) その間にソースを作ります。キウイフルーツの皮をむき、ミキサーまたはフードプロセッサーでピューレ状にします。必要に応じて、粉砂糖を加えて味を整えます。

g) 食べる準備ができるまでソースを冷やしておいてください。

h) 4 つの個別の料理に少量のソースをかけます。温めた大さじ 2 杯を使ってムースを卵形のボールに成形し、ソースの上に置きます。

i) レモンの葉数枚、イチゴのスライス、またはキウイフルーツのスライスを飾ります。

63. シトラスサワークリームパイ

1 回分: 8 回分

材料

- 砂糖　2/3 カップ
- コーンスターチ　大さじ 3
- 大きめの卵黄　2 個（溶きほぐす）
- オレンジジュース　3/4 カップ
- 2%牛乳　2/3 カップ
- レモン汁　大さじ 2
- サワークリーム　1 カップ
- グラハムクラッカークラスト　1 枚（9 インチ）

トッピング：

- 生クリーム　1 カップ
- 製菓用砂糖　大さじ 2
- バニラエッセンス　小さじ 1/4
- オレンジの皮のすりおろし
- オプションのフルーツトッピング：マンダリンオレンジ、スライスした新鮮な イチゴ、スライスしたキウイフルーツ

方向

a) 電子レンジ対応の大きなボウルにコーンスターチと砂糖を入れて混ぜま す。小さなボウルにレモン汁、牛乳、オレンジジュース、卵黄を入れて混 ぜます。次に、砂糖混合物を滑らかになるまでかき混ぜます。

b) 混合物が 160° に達するまで、毎分かき混ぜながら、電子レンジの強 で 5 ～ 7 分間加熱します。室温まで冷却します。ラップをカスタード の表面に押し付けます。冷めるまで冷蔵庫に入れます。

c) サワークリームを加えます。フィリングを生地に移します。蓋をしたまま少 なくとも 4 時間、最長で一晩冷やします。

d) 使用する直前に、大きなボウルにクリームを入れてとろみがつくまで泡立てます。

e) バニラと製菓用砂糖を入れます。硬い角が形成されるまで泡立てます。

f) パイの上に広げます。オレンジの皮をふりかけ、お好みでフルーツをトッピングします。

64. ストライプフルーツポップ

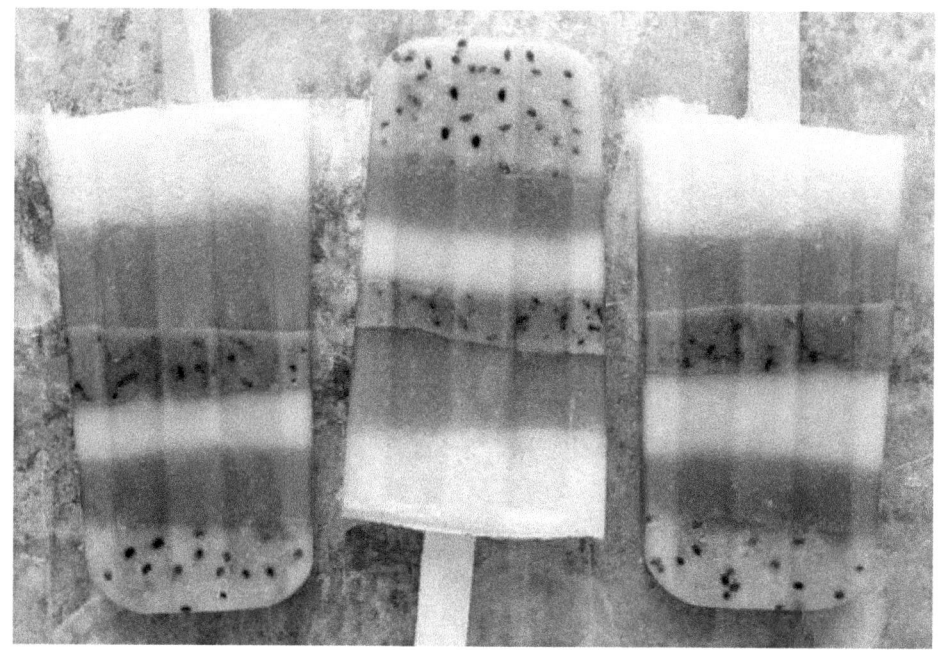

1 回分: 1 ダース

材料

- 蜂蜜 3/4 カップ（分割）
- スライスした新鮮なイチゴ 2 カップ
- プラスチックカップまたはアイスキャンディーの型 12 個 (各 3 オンス)
- プラスチックカップまたはアイスキャンディーの型 12 個 (各 3 オンス)
- キウイフルーツ 6 個（皮をむいてスライス）
- アイスキャンデーの棒 12 本
- 新鮮な熟した桃のスライス 1-1/3 カップ

方向

a) イチゴと蜂蜜 4 分の 1 カップを、蓋をしたままブレンダーで混ぜ合わせます。型やカップに移します。固まるまで冷凍庫に 30 分入れます。

b) キウイと蜂蜜 4 分の 1 カップを、蓋をしたままブレンダーで混ぜ合わせます。しっかりとしたイチゴの層の上に注ぎます。アイスキャンディーの棒を入れます。固まるまで冷凍庫に入れます。

c) 残りの蜂蜜と桃を使ってこのプロセスを繰り返します。キウイ層の上に転写します。固まるまで冷凍庫に入れます。

65. レイヤードフレッシュフルーツサラダ

1 回分: 12 回分

材料
- オレンジの皮のすりおろし 小さじ 1/2
- オレンジジュース 2/3 カップ
- すりおろしたレモンの皮 小さじ 1/2
- レモン汁 1/3 カップ
- ライトブラウンシュガー 1/3 カップ
- シナモンスティック 1 本

フルーツサラダ：
- 角切りにした新鮮なパイナップル 2 カップ
- スライスした新鮮なイチゴ 2 カップ
- 皮をむき、スライスしたキウイフルーツ 中 2 個
- 中くらいのバナナ 3 本（スライス）
- 中くらいのオレンジ 2 個（皮をむき、薄切りにする）
- 中くらいのレッドグレープフルーツ 1 個（皮をむき、薄切りにする）
- 種なし赤ブドウ 1 カップ

方向
a) 最初の 6 つの材料を鍋で煮ます。火を弱め、蓋をせずに 5 分間煮ます。
b) 完全に冷めてからシナモンスティックを捨てます。
c) 大きなガラスのボウルにフルーツの層を作ります。ジュース混合物を上に広げます。
d) カバーをして冷蔵庫に数時間保管します。

66.ベイリーズ パンナコッタ

出来上がり量：6 人分

材料

ココナッツパンナコッタ:

i) 無香料ゼラチンパウダー 大さじ 1

j) 水 大さじ 1

k) ベイリーズ 21/4 カップ

l) 缶詰無糖ココナッツクリーム ¾カップ

m)グラニュー糖 1/4 カップ

追加のトッピング:

n) ゴールデンキウイ

o) グリーンキウイ

p) マンゴー

手順

● ラミキンまたはサービング容器にココナッツオイルを塗ります。脇に置いておきましょう。

● 小さなボウルに粉ゼラチンと水を入れて混ぜます。

● 水分が完全に吸収されるまでかき混ぜて 5 分間放置します。

● 中くらいのソースポットにベイリーズ、ココナッツクリーム、砂糖を入れて混ぜます。

● 中火にかけ、沸騰させます。

● 砂糖が溶けるまで加熱を続けます。

● 火から下ろし、5〜8 分間冷まします。

● ゼラチンを加えます。ゼラチンが完全に溶けるまでかき混ぜます。

● ベイリーズ混合物を準備したグリースを塗ったラミキンに分けます。室温まで冷却します。

● 蓋をするか、密閉容器に入れて冷蔵庫で少なくとも 6 時間、一晩置くのが最適です。

● 型から外すには、ラミキンを 1 つずつ温水の入ったボウルに 3 ～ 5 秒間浸します。

● パンナコッタがまだ分離しない場合は、薄いナイフまたはミニオフセットスパチュラをラミキンの端に沿って走らせて緩めます。ラミキンを皿に裏返します。

● トッピングを飾り、すぐにお召し上がりください。

67. キウイとバナナのラムシロップ入りアイスクリーム

出来上がり量：1 人分

材料

- 水　1 カップ
- 砂糖　1/4 カップ
- ダークラム酒　大さじ 1
- すりおろしたてのライムの皮　小さじ 1/4
- キウイ 1 個; 皮をむき、縦に 4 等分にし、切ります
- 小さなバナナ 1 本
- バニラアイスクリーム

手順

a) 小さな鍋に水、砂糖、ラム酒、皮を入れて 5 分間煮ます。キウイを加えて 2 分間煮ます。バナナを 1/4 インチのスライスに切り、シロップで 30 秒煮ます。

b) 穴あきスプーンでフルーツをボウルに移します。シロップを約 1/2 カップになるまで沸騰させ、フルーツを加えてかき混ぜます。

c) フルーツとシロップをアイスクリームにかけてお召し上がりください。

68. キウイフルーツのジェラート

出来上がり量：4 人分

材料

水　1 カップ

砂糖　1/2 カップ

ライトコーンシロップ　1/2 カップ

4 キウイフルーツ; 切り取られた

レモン汁　大さじ 5

レモンの皮　小さじ 1/4; すりおろし

手順

a) 鍋に水、砂糖、コーンシロップを入れて混ぜます。2 分間、または砂糖が溶けるまで調理してかき混ぜます。キウイをフードプロセッサーまたはブレンダーでピューレ 3/4 カップと同じ量までピューレ状にします。レモン汁、皮、砂糖を加えて混ぜます。

b) 浅い金属製のパンに注ぎ、約 1 時間、または混合物が固くなるまで凍らせます。

c) 冷めたら、冷たいボウルにスプーンで入れ、軽くてふわふわになるまで電動ミキサーで混ぜます。

d) 約 2 時間、またはすくえるほどの固さになるまで冷凍庫に戻します。

69. ヌテラ・パブロバ

出来上がり量：4〜6 人分

材料
メレンゲ
● 卵白 3 個
● タルタルクリーム 1 つまみ
● グラニュー糖 3/4 カップ
● 純粋なバニラエキス 小さじ 1
クリーム
● マシュマロクリーム 1/2 カップ
● クリームフレッシュ 1/2 カップ 作り方
● ホイップクリーム 1 カップ
飾り付け
● キウイフルーツ 1 個、皮をむき、薄くスライスする
● スライスしたイチゴ 1 カップ
● ドライクランベリー（みじん切り） 大さじ 2
● ヌテラ 大さじ 2

手順

● 他の作業をする前にオーブンを 275°F に設定し、ベーキングシートにクッキングシートを敷きます。

● ボウルに卵白と酒石クリームを加え、砂糖大さじ 1 ずつ加えながら柔らかい角が立つまで混ぜます。

● バニラを加えて混ぜ合わせます。

● 用意したベーキングシートの上にメレンゲを 10 インチの円形に広げ、端を押し上げて中央にくぼみを作ります。

● オーブンで約 1 時間半焼きます。

● オーブンの電源を切りますが、メレンゲは乾燥するまで内部に残しておきます。

● メレンゲを皿に移します。

● ボウルにマシュマロクリームとクレームフレッシュを入れて混ぜ合わせます。

● ホイップクリームを混ぜます。

● 冷めたメレンゲの上にマシュマロを混ぜたものを塗り、スライスしたキウイとイチゴを飾ります。

● ヌテラを上にふりかけ、ドライクランベリーをふりかけてお召し上がりください。

70. キウイピンクレモネードパイ

出来上がり量：4 人分

材料
パイ皮：
- グラハムクラッカーの粉　1 1/4 カップ
- 溶かしたバター　1/3 カップ
- 砂糖　1/4 カップ
充填：
- 卵黄　3 個
- 牛乳　1 1/4 カップ
- グラニュー糖　1⅛カップ
- コーンスターチ　大さじ 3
- レモンエキス　小さじ 1
- ピンクの食用色素
- レモンの皮のすりおろし　2 個
- バニラエッセンス　小さじ 1
提供するには:
- 皮をむいてスライスしたキウイ　3 個
- レモンマーマレード　1 カップ

手順

パイ皮：

a) オーブンを 325 度に予熱します。

b) クラッカーの粉、砂糖、バターを混ぜ合わせます。

c) 生地の混合物をパイ型に押し込み、使用するまで冷蔵庫で冷やします。

充填：

d) 牛乳を二重鍋の上で沸騰したお湯の上で加熱します。

e) 砂糖とコーンスターチを混ぜ、牛乳に混ぜます。

f) レモンエキス、食品着色料、レモンの皮、バニラを加え、よく混ぜます。

g) 混合物をパイシェルに注ぎます。

h) オーブンの中段で 25 分間、または固まるまで焼きます。

i) パイを 10 分間冷まします。

提供するには:

j) マーマレードを弱火で溶かし、パイの表面にブラシで薄く塗ります。

k) キウイを重ねて配置し、パイの上部を完全に覆います。

71.フレッシュフルーツタコス

材料

● 全粒粉トルティーヤ（小）

● 水

● シナモンパウダー

● 砂糖

● ギリシャヨーグルト（バニラ風味）

● お好みの新鮮なフルーツ（角切り）：

● いちご

● マンゴー

● パイナップル

● キウイ

手順

a) オーブンを 325°F に予熱します。

b) 丸いプラスチック製のクッキー カッターを使用して、全粒小麦のトルティーヤから小さな円を切り取ります (小さなトルティーヤ 1 枚あたり約 2 枚)。

c) これらの小さなトルティーヤを天板に置きます。小さなボウルに水を入れます。しつけブラシを使用して、トルティーヤの上面に軽く水を塗ります。

d) 少量のシナモンと砂糖をボウルに入れて混ぜます。湿ったトルティーヤにシナモンと砂糖の混合物をまぶします。

e) トングを使用して、各トルティーヤをオーブン トースターのワイヤー ラックに個別に掛け、トルティーヤの側面がラック上の 2 本の金属バーの間に落ちるようにします。

f) 約 3 分焼きます。トルティーヤを定期的にチェックしながら、5 〜 7 分。

g) トングを使用してトルティーヤをラックから持ち上げ、冷却ラックに移します。トルティーヤはこの逆さまの状態で冷ましてください。これがタコスの形を形成する最後のステップです。

h) 冷めたタコスシェルをお皿に移し、トルティーヤシェルの中にバニラギリシャヨーグルトを少量入れます。スプーンを使って殻の底と側面を滑らかにし、覆います。

i) お好みのフルーツをスプーンで殻に入れてお召し上がりください。

72. フルーツたっぷりの低脂肪カカオタコス

出来上がり量: 6 人分

材料

- 小麦粉 1/4 カップ
- 砂糖 1/4 カップ
- ベーキングココア 大さじ 1
- 2%牛乳 大さじ 2
- 油 大さじ 2
- 卵白 1 個
- バニラエッセンス 小さじ 1
- 塩味をお好みで
- 8 オンス フルーツ風味の低脂肪ヨーグルト
- キウイフルーツ 4 個。皮をむいた、スライスした
- 大きめのイチゴ 6 個。スライスされた
- 8 オンスのマンゴークーリ
- ラズベリーソース 1 オンス
- フレッシュラズベリー 1 パイント
- フレッシュミントの小枝 6 本

手順

d) 最初の 8 つの材料をボウルに入れて混ぜます。滑らかになるまで叩きます。蓋をしたまま 2 時間冷やします。

e) 一度に大さじ 3 杯を、中火で加熱したテフロン加工の 8 インチフライパンに入れます。2 分間、または生地が乾いたように見えるまで調理します。振り向く。1 分長く調理します。取り外してワイヤーラックの上に掛けます。15〜20 分間冷まします。

f) 焼き上がった殻の半分にヨーグルトを塗ります。ヨーグルトにキウイフルーツ 5 枚とイチゴ 5 枚を交互に乗せます。シェルを折り重ねてタコスを作ります。

g) マンゴークーリを 6 枚のお皿の下半分に 3×4 インチの楕円形に広げます。

h) ラズベリーソースをクーリに 2 本の縞模様に絞ります。ナイフでソースをかき混ぜます。

i) 各皿のクーリの横にタコスを 1 つずつ置きます。各プレートにラズベリーとミントを飾ります。

73.グリーン AÇAÍ ボウル、フルーツとベリー添え

出来上がり量: 2 人分

材料

- アサイーピューレ 1/2
- チョコレートヘンプミルク ⅛カップ
- バナナ 1/2 本
- ヘンププロテインパウダー 大さじ 2
- マカ 小さじ 1
- トッピング: 新鮮な季節のフルーツ、ヘンプシード、フレッシュバナナ、ゴールデンベリー。ホワイトマルベリー、ゴジベリー、キウイ

手順

o) すべてをブレンダーに入れ、非常に濃くなるまでブレンドし、必要に応じて液体を追加し、ボウルに注ぎます。

p) フルーツなどお好みのものをトッピングしてください！

74. レインボーフルーツタルト

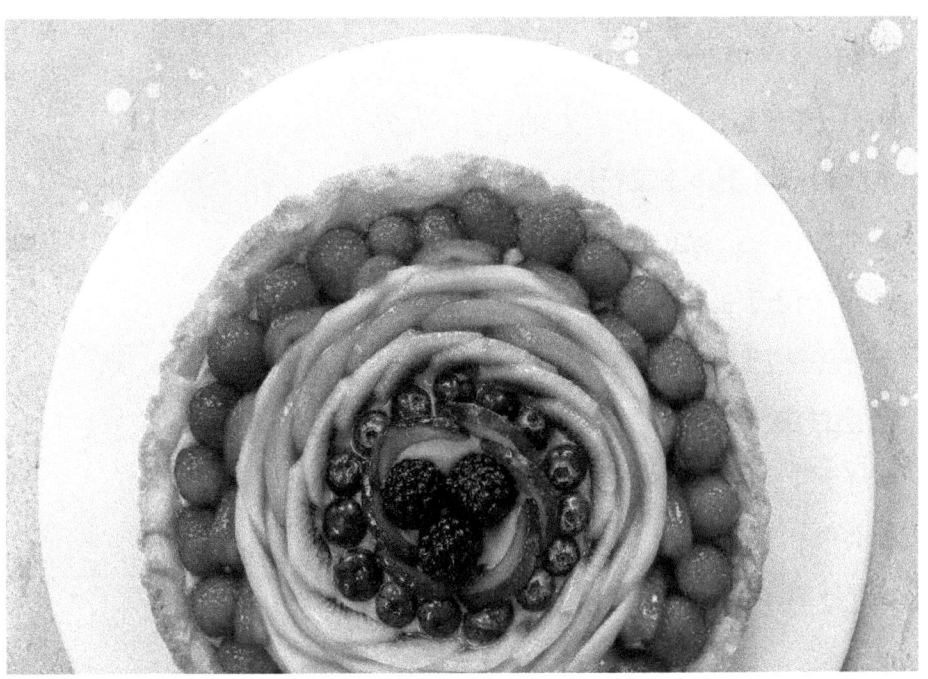

出来上がり量：8 人分

材料

● パイやタルト用の甘い生地　1/2　人分

ホワイトチョコレートフィリング

● 生クリーム　2/3 カップ

● ホワイトチョコレート　10 オンス

● キルシュまたはホワイトラム　大さじ 1

仕上げ中

● イチゴ　1 パイント

● キウイ　2 個

● 1/2 パイントのラズベリー

● トーストしたスライスアーモンドまたは刻んだもの

● ピスタチオ

● 製菓用の砂糖

手順

a) タルト生地の場合は、オーブンを 350 度に予熱し、ラックを中段にセットします。タルト型にバターを塗ります。打ち粉をした台の上で生地を丸め、9 インチのタルト型に並べます。フォークの歯で生地全体に穴をあけ、クッキングシートまたはワックス紙を敷きます。

b) 乾燥豆を詰めます。タルトシェルが乾燥して深い黄金色になるまで、約 20〜30 分間焼きます。タルトシェルをラックの上で冷まします。

c) チョコレートフィリングの場合は、中型の鍋でクリームを弱火にかけて沸騰させます。

d) 火から下ろし、チョコレートを一度に加えます。チョコレートがすべて浸るまで鍋を振り、3 分間放置してチョコレートを溶かします。

e) リキュールを加えて滑らかに泡立てます。詰め物をボウルに注ぎ、固まらない程度にとろみがつくまで冷蔵庫で約 20 分間冷やしながら時々かき混ぜます。

f) フィリングを軽く泡立てて、十分に広がるように滑らかにします。

g) 冷めたタルト生地にフィリングを均等に広げます。

h) フルーツをチョコレートフィリングの上に同心円状に並べ、少し押し込みます。

i) タルトを型から外すには、大きな缶またはキャニスターの上にタルト型を立て、型の側を外します。

j) タルトを型の底から平らな底の大皿にスライドさせます。

k) 食べる直前に、アーモンドまたはピスタチオでタルトの縁を飾り、製菓用の砂糖をまぶします。

75.プレミアホワイトフルーツタルト

出来上がり量：1食分

材料

- シングルクラスト用のペストリー。9 インチのパイ
- グラニュー糖　1/3 カップ
- 中力粉　1/4 カップ
- 卵黄　3 個
- 牛乳　1 カップ
- みじん切りにしたホワイト ベーキング バーの 6 オンス パッケージ
- バニラエッセンス　小さじ1
- アプリコットジャム　1/4 カップ；温められた
- キウイフルーツ 2 個。皮をむいてスライスした
- ラズベリー　1 カップ
- プレミア ホワイト リーフ、オプション

手順

a) 9 インチのタルト型にペストリーを敷きます。エッジをトリミングします。

b) パイ生地にフォークで穴をあけます。予熱した 425°F のオーブンで、生地が軽く茶色になるまで 10〜12 分間焼きます。室温まで冷却します。

c) 鍋に砂糖と小麦粉を入れて混ぜます。卵黄と牛乳を加えて混ぜます。

d) 混合物が沸騰するまで絶えずかき混ぜながら、中火で調理します。

e) 熱を減らします。混合物が濃くなり滑らかになるまで、絶えずかき混ぜながら 3 分間煮ます。暑さから削除。

f) ベーキングバーとバニラを加えます。滑らかになるまでかき混ぜます。

g) ラップを詰め物の表面に直接押し付けます。完全に冷やします。

h) タルトシェルを型から外します。ジャムを底部にブラシで払います。5 分間放置します。

i) 詰め物を広げます。その上にフルーツを並べます。チル。必要に応じて、プレミアホワイトリーフを飾ります。

76. ラズベリーキウイロールケーキ

人数: 8 人分

材料

- 砂糖 1 カップ
- 中力粉 大さじ 11
- 水 大さじ 1
- 大きめの卵 6 個
- 熱湯 大さじ 1
- 生クリーム 2 カップ
- 植物油 大さじ 3
- バニラエッセンス 小さじ 1
- ラズベリー 1 カップ（みじん切り）
- 蜂蜜 大さじ 2
- キウイ 1 カップ（みじん切り）

方向

a) ストーブを 375°F に加熱し、16×11 のベーキングトレイにクッキングシートを置きます。

b) 小麦粉をふるいに通してミキシングボウルに入れます。

c) 卵白を泡立つまで 60 秒間泡立て、砂糖をゆっくりと加えて角が立つまで泡立てます。電動ミキサーをお持ちの場合は、この方が良いでしょう。

d) 次に、卵黄を 1 つずつ静かに加え、追加の間に 60 秒間混ぜ、すべてが入ったら水と油を加え、再び 10 秒間混ぜます。

e) 次に、小麦粉をゆっくりと混ぜて、よく混ぜます。

f) ケーキミックスをベーキングトレイに加え、トレイを数回落として空気を抜きます。

g) オーブンで 12〜15 分間調理します。

h) 準備ができたら、クッキングシートを取り出して上に置き、裏返してベースから紙を外し、冷却ラックに置きます。

i) 温かいうちにクッキングシートを使って巻き、ロールケーキの中に入れておきます。

j) さらに 10 分間冷まします。

k) 待っている間に蜂蜜と水を混ぜて横に置きます。

l) クリームにバニラと残りの砂糖を加えて角が立つまで泡立てます。

m) 次に、ケーキを取り出して広げ、紙を取り出し、仕上げの見栄えを整えるために一方の端を斜めに切ります。

n) 蜂蜜をケーキの上に塗り、続いてクリームを塗ります。

o) キウイとラズベリーを加えて丸め、外側にクッキングシートを置いて丸く保ちます。

p) 形を保つために冷蔵庫で 20 分ほど休ませます。

q) スライスしてお召し上がりください。

77. レッドベルベットのフルーツケーキ

出来上がり量：3 人分

材料

- マイダ 200 グラム
- 粉砂糖 220 グラム
- ココアパウダー 大さじ 1
- 植物油 150ml
- バターミルク 250ml
- ベーキングパウダー 小さじ 1
- 重曹 小さじ 1/2
- 塩 小さじ 1/4
- 酢 小さじ 1/2
- バニラエッセンス 大さじ 1
- ヘビークリーム 1/2 カップ

飾り付け用：

- チョコレートアート
- キウイとブドウ
- ハニー
- スイートジェム

手順

a) ボウルに上記の乾燥材料をすべて加え、ダマにならないように一緒にふるいにかけます。

b) 次に、バターミルク、植物油、バニラエッセンス、ビーツペーストを加え、よく混ぜて滑らかな生地を作ります。

c) 最後にお酢を加えてよく混ぜます。

d) 6 フィートのケーキ型 1 つを用意し、マフィン型に油を塗り、マイダを使って粉をまぶします。

e) 生地を均等に注ぎます。

f) 電子レンジを 180℃ 10 分間予熱します。予熱した電子レンジで 20〜25 分間、または各電子レンジに応じて焼き上がるまで焼きます。

g) 生クリームを 3〜4 分泡立てて凍らせます。

h) キウイとブドウを切ります。

i) 焼き上がったら冷めて型から外します。

j) 両方のケーキにホイップクリームを塗り、宝石、チョコレート、刻んだフルーツ、そして最後に蜂蜜で飾ります。

スムージーとドリンク

78. ほうれん草、キウイ、チアシードシェイク

作る：2

材料

- アーモンドミルク　1 と 1/2 カップ
- パックほうれん草　1 カップ
- 熟したキウイ　1　個（皮をむいて乱切り）
- バニラプロテインパウダー　2 さじ
- チアシード　大さじ 1
- 一握りの角氷

手順

a) 滑らかになるまでブレンドします。

b) 必要に応じて、氷や材料を味見して調整します。

79.ブラックベリー、キウイ、レモン

出来上がり量：4 人分

材料

- キウイ 1 個、皮をむき、4 等分に切る
- レモン 1 個（くさび形にスライス）
- ブラックベリー 4 個

手順

a) 材料をガロンサイズのガラス瓶に入れます。

b) ろ過水を注ぎ、よく混ぜます。

c) 氷と一緒にお楽しみください！

80. キウイとセージウォーター

出来上がり量: 6 人分

材料

- キュウリ 1 本（皮をむいてみじん切り）
- 新鮮なセージ 大さじ 1
- キウイ 4 個（皮をむき、4 等分に切る）
- 水 6 カップ

手順

a) キュウリ、キウイ、セージ、水 4 カップをピッチャーに入れます。

b) 混ざるまでかき混ぜ、冷蔵庫で冷やします。

c) 残りの 2 カップの水はお召し上がりの直前に加えてください。

d) かき混ぜて冷やしてお召し上がりください。

e) 楽しみ！

81. キウイとライチのフィズ

出来上がり量：4 人分

材料

- 砕いたライチ　大さじ 2
- ソーダ　3 カップ
- キウイスライス　大さじ 3

手順

a) ミキサーまたはフードプロセッサーで、キウイのスライスとライチをソーダ 1 カップと混ぜます。

b) 残りのソーダ水を入れてよく混ぜます。氷の上にお召し上がりください。

82. 南国の楽園

出来上がり量：4 人分

材料

- キウイフルーツ 1 個（皮をむいてみじん切り）
- バニラビーンズ 1 個（長さに沿って割る）
- マンゴー 1/2 個（角切り）

手順

a) マンゴー、キウイ、バニラビーンズを 64 オンスのピッチャーに入れます。

b) 濾過した水またはココナッツウォーターに入れます。

c) お召し上がりになる前に冷やしてください。

83. キウイスムージー

出来上がり量: 2 人分

材料

- キウイ 3 個（皮をむいてスライス）
- バナナ 1 本（スライス）
- ベビーほうれん草 1 カップ
- アボカド 1/2 個
- アーモンドミルク 大さじ 2
- アーモンドミルク 2 カップ
- 氷 1 カップ
- チアシード 小さじ 1
- 生姜スライス

手順

a) アーモンドミルク 2 カップをチアシードと一緒に一晩または少なくとも 30 分間浸します。

b) グラスの底にスプーンを入れます。

c) キウイ、バナナ、氷、生姜、アボカド、ほうれん草、アーモンドミルク大さじ 2 を高速ブレンダーで滑らかになるまで混ぜます。

d) チアプディングの上に注ぎます。

e) 楽しみ！

84. キウイマルガリータ

結果: 2-3

材料

キウイピューレ

● キウイ 4 個（皮をむいて角切り）

● 水 1/2 カップ

● ブラウンシュガー 1/4 カップ

マルガリータミックス

● 6 オンスのテキーラブランコ

● キウイピューレ 4 オンス

● オレンジリキュール 2 オンス

● ライムジュース 2 オンス

● 氷 2 カップ

ガーニッシュ

● コーシャソルト、ライムスライス、キウイスライス

手順

キウイピューレ

a) 材料を鍋に入れて中火にかけます。

b) 砂糖が溶けるまでよくかき混ぜます。これには約 2 分かかります

c) 蓋をしてキウイが柔らかくなるまで煮ます。

d) 混合物をブレンダーに移し、滑らかになるまで混ぜます。

e) 必要に応じて容器に注ぎ、ご使用ください。

マルガリータミックス

a) マルガリータミックスのすべての材料を混ぜ、塩を縁取ったマルガリータグラスに注ぎます。

85. キウイとメロンのスムージー

作る：2

材料

● キウイ 2 個（皮をむいてみじん切り）

● ハネデューメロン 1 カップ（皮をむいてみじん切り）

● 新生姜みじん切り 小さじ 1/2

● 無糖プロテインパウダー 1 杯半

● 新鮮なライムジュース 大さじ 1/2

● 新鮮なブドウジュース 1¾ カップ

● 角氷 1/4 カップ

手順

a) 高性能ブレンダーですべての材料を混ぜ合わせ、滑らかになるまで混ぜます。

b) すぐにスムージーを 2 つのグラスに注ぎ、お召し上がりください。

86. ケールキウイスムージー

作る：2

材料

● ケール 1 カップ（みじん切り）

● リンゴ 2 個

● キウイ 3 個

● 大さじ 1 亜麻種子

● ローヤルゼリー 大さじ 1

● クラッシュアイス 1 カップ

手順

a) ブレンダーで混ぜ合わせます。

b) 仕える。

87. レインボーココナッツスムージー

製造数: 6

材料
準備するには

● みかん 2 個（皮をむき、輪切りにする）

● さいの目に切ったパイナップル 1 カップ

● 角切りマンゴー 1 カップ

● スライスしたイチゴ 1 カップ

● ブルーベリー 1 カップ

● ブラックベリー 1 カップ

● キウイ 1 個（皮をむいてスライス）

● ベビーほうれん草 2 カップ

● フレーク状ココナッツ 1/2 カップ

奉仕する

● ココナッツウォーター 2 カップ

手順

a) みかん、パイナップル、マンゴー、イチゴ、ブルーベリー、ブラックベリー、キウイ、ほうれん草、ココナッツを大きなボウルに入れて混ぜます。

b) ジップロックフリーザーバッグ 6 つに分けます。食べる準備ができるまで、最大 1 か月間冷凍保存できます。

c) 1 袋の中身をミキサーに入れ、ココナッツウォーター1/3 カップを加えます。滑らかになるまでブレンドします。すぐにお召し上がりください。

88. キウイ・ダキリ

出来上がり量: 2 人分

材料

- キウイフルーツ 1 個（皮をむいてスライス）
- 砂糖 小さじ 3
- ライムジュース 大さじ 1
- 2 オンスのラム酒
- 緑色の食品着色料 1 滴
- 砕いた氷 8 個
- キウイフルーツの薄切り 2 枚

手順

a) キウイフルーツのスライスを除くすべての材料をブレンダーで滑らかになるまで処理します。

b) 脚付きグラスに注ぎ、グラスの両端にキウイフルーツのスライスを飾ります。

89. キウイクーラー

出来上がり量：4 人分

材料

- キウイ 8 個（皮をむいてみじん切りにする）
- スプライト 4 カップ
- オレンジ 2 個分のジュース
- アイスキューブ

手順

a) キウイを滑らかになるまでミキサーで撹拌し、ジュースを濾します。

b) キウイジュース、スプライト、オレンジジュースをピッチャーに入れ、かき混ぜます。

c) 各グラスに氷を入れ、混合物をグラスに分けます。

90. ストロベリーキウイスムージー

出来上がり量：1 食分

材料

- 牛乳 1/2 カップ
- 1 パイント 洗って皮をむいた新鮮なイチゴ
- キウイ 1 個（皮をむく）
- 砂糖 小さじ 2
- バニラアイスクリーム 1 クォート

手順

a) ブレンダーで、アイスクリームを除くすべての材料をフルーツがピューレ状になるまでブレンドします。

b) アイスクリームを加え、滑らかで濃厚になるまで混ぜます。

c) すぐにお召し上がりください。

91. アップルキウイグリーンスムージー

作る：2

材料

- バナナ 1 本（皮をむく）
- 大きな青リンゴ 1 個（芯を取り、みじん切りにする）
- キウイ 3 個（皮をむいて角切り）
- 無糖ヨーグルト 1 カップ
- 水 1 カップ
- ほうれん草 2 カップ

手順

a) ブレンダーに材料を順番に加え、滑らかになるまで混ぜます。

92. キウイフルーツ、生姜、バナナのスムージー

製造数: 4

材料

- キウイフルーツ 3 個
- オーガニックポリッジオーツ 大さじ 4
- バナナ 1 本
- 氷 8 個
- オーガニックミルク 200ml
- 有機無脂肪ナチュラルヨーグルト 250g
- 新生姜 1/2cm 角、細かくすりおろす
- 蜂蜜、オプション

手順

a) 通常、スムージーは、子供たちにさまざまな種類の果物を試してもらうための最も簡単な方法です。フレーバーの良い組み合わせを決めて、すべて混ぜて飲むだけです。子供たちは喜んでこれらの製作に参加するでしょう。

b) キウイフルーツを上と尾にし、端を立てます。鋭利なナイフで皮を縦に切り取ります。キウイフルーツと蜂蜜以外の残りの材料をミキサーで 30 秒間混ぜ、背の高いグラス 4 つに注ぎます。お好みで蜂蜜を少し加えて甘みを加えてください。

93. キウイレモネード

製造数: 4

材料

● キウイフルーツ 4 個（皮をむく）

● 解凍した冷凍レモネード濃縮液の 12 オンス缶

● 冷やした炭酸レモンライム飲料 3 カップ

手順

a) キウイを乱切りにします。

b) フルーツの塊とレモネード濃縮物をフードプロセッサーで滑らかになるまで加工します。

c) 混合物をワイヤーメッシュストレーナーを通してピッチャーに注ぎ、固形物を捨てます。

d) 食べる直前にレモンライムドリンクを加えて混ぜます。

94. レインボーココナッツスムージー

材料

準備するには

- みかん 2 個（皮をむき、輪切りにする）
- さいの目に切ったパイナップル 1 カップ
- 角切りマンゴー 1 カップ
- スライスしたイチゴ 1 カップ
- ブルーベリー 1 カップ
- ブラックベリー 1 カップ
- キウイ 1 個（皮をむいてスライス）
- ベビーほうれん草 2 カップ
- フレーク状ココナッツ 1/2 カップ

奉仕する

- ココナッツウォーター 2 カップ

手順

a) みかん、パイナップル、マンゴー、イチゴ、ブルーベリー、ブラックベリー、キウイ、ほうれん草、ココナッツを大きなボウルに入れて混ぜます。

b) ジップロックフリーザーバッグ 6 つに分けます。食べる準備ができるまで、最人 1 か月間冷凍保存できます。

c) 1 回分を作るには: 1 袋の内容物をブレンダーに入れ、1/3 カップのココナッツウォーターを加えます。滑らかになるまでブレンドします。

d) すぐにお召し上がりください。

95. キウイグアババーストスムージー

作る：2

材料

- キウイ 1 個
- グアバ 1 個
- ココナッツウォーター 1 カップ
- 新鮮なミントの小枝
- アイスキューブ

手順

- キウイとグアバを小さく切り、すべての材料を混ぜます。

96. ブルースムージーボウル

作るもの：スムージーボウル 1 個

材料
- 熟したバナナ 1 本半（皮をむいて冷凍）
- 冷凍マンゴー 1 カップ
- ココナッツミルクヨーグルト 1/2 カップ
- 無糖アーモンドミルクまたはココナッツミルク 1/4 カップ
- オレンジジュース 1/4 カップ
- ライムの皮 小さじ 1
- ブルースピルリナパウダーまたはブルーエンドウ豆の花パウダー 小さじ 2 〜3
- 氷 1/2 カップ

トッピング:
- ボブズ レッドミル パレオ ミューズリー 1/3 カップ
- 生のブルーベリー 1/4 カップ
- キウイ 1 個（皮をむき、スライスする）
- 皮をむいて刻んだフレッシュマンゴー 1/4 カップ

手順
- スムージーボウルのすべての材料をブレンダーに加え、滑らかになるまで混ぜます。
- ブルースムージーをボウルに注ぎ、パレオミューズリーと新鮮なフルーツをトッピングします。

97. スピルリナフルーツスムージー

作る：2

材料

- キウイフルーツ
- ベリー カップ 1/4
- ヨーグルト 1/2 カップ
- 角氷 1/2 カップ
- スピルリナ 小さじ 1

手順

a) 電動ブレンダーで材料を混ぜ合わせ、トールクラスに注ぎます。作ったらすぐに飲むのが望ましいです。

b) キウイ、バナナ、マンゴー、ミントやジンジャーのフレーバーを追加することもできます。すべてあなたの好み次第です。

98. ローズマリーウォーター

出来上がり量: 4 人分

材料

- 新鮮なローズマリーの小枝 1 本（軽く揉みほぐす）
- グレープフルーツ 1/2 個、くさび形にスライス
- キウイフルーツ 1/2 個（皮をむいてみじん切り）

手順

a) 材料をピッチャーに入れます。

b) ココナッツウォーターを注ぎ、混ざるまでかき混ぜます。

c) 一晩冷やしてください。

99. グレープメロンブラスト

収量: 3 回分

種なし緑ブドウ 1 カップ
レモン 1 個（皮をむく）
ハニーデューメロン（小）1/4 個
皮をむいたキウイフルーツ 2 個
ほうれん草 3/4 カップ（みじん切り）

1.上記の材料をすべてブレンドするために、ジュースを注意深く混ぜ合わせます。
2.すぐにお召し上がりください。

100.   グリーン＆ヤム

収量: 2 回分

キウイ 1 個（皮をむく）

桃 1 個（種なし）

リンゴ 2 個

からし菜のみじん切り 2 カップ

セロリ 2 本

1.ジューサーに材料を入れます。

2.グラスに注ぎ、すぐにお召し上がりください。

結論

キウイは小さな果物で、たくさんの風味と豊富なビタミン、ミネラル、強力な植物化合物が詰まっています。甘くて食べやすく、栄養価も高いです。さらに、これらの小さな果物には、いくつかの素晴らしい健康上の利点があります。キウイを食べることは、ビタミン C に加えて、他の多くの抗酸化物質や抗炎症物質の摂取量を増やす優れた方法です。キウイは心臓や消化器系の健康にも役立つ可能性があります。

Milton Keynes UK
Ingram Content Group UK Ltd.
UKHW020715310723
426074UK00018B/1163